최한기가 들려주는
기학 이야기

최한기가 들려주는
기학 이야기

ⓒ 이종란, 2006

초판 1쇄 발행일 2006년 1월 18일
초판 16쇄 발행일 2021년 11월 2일

지은이   이종란
그림   최영주
펴낸이   정은영

펴낸곳   (주)자음과모음
출판등록   2001년 11월 28일 제2001-000259호
주소   10881 경기도 파주시 회동길 325-20
전화   편집부 (02)324-2347 경영지원부 (02)325-6047
팩스   편집부 (02)324-2348 경영지원부 (02)2648-1311
e-mail   jamoteen@jamobook.com

ISBN 978-89-544-0844-8 (64100)

최한기가 들려주는
기학 이야기

이종란 지음

㈜ 자음과모음

책머리에

　흔히 철학을 '지혜를 사랑하는 학문'이라고 말하지만, 철학이 무엇인지 한마디로 말하기는 쉽지 않습니다. 특히 그것이 여러분 또래의 초등학생이 한 질문에 대한 답이라면 더욱 그렇습니다. 또 주변에 있는 어른들에게 철학에 대해서 질문을 해도 별반 뾰족한 대답이 나오지 않을 것입니다. 철학이 무엇인지 정확하게 정의 내리기는 어렵기 때문입니다.

　철학이란 정말 무엇일까요? 사람들은 철학이 어려운 학문이라고 말합니다. 물론 철학의 역사는 어렵습니다. 그러나 철학을 한다는 것은 그리 어려운 문제가 아닙니다. 초등학생도 가능할 만큼 쉬운 것이 철학이기도 하기 때문입니다. 예컨대 의사가 되어 병을 고치는 일은 의학을 전문적으로 공부해야 하고 또 그런 의사만이 환자를 치료할 수 있고 약을 처방할 수 있습니다. 그러나 의학을 공부하지 않고서도 병을 예방하면서 건강하게 살 수 있는 방법도 많습니다. 일반적인 사람들이 전문적인 지식이 없어도 얼마든지 건강하게 살 수 있는 방법이 있기 때문입니다.

 마찬가지로, 꼭 철학자가 아니더라도 보통 사람이 세상을 올바르게 바라보며 살 수 있습니다. 철학이란 세상을 올바르게 바라볼 수 있는 안목이라고도 볼 수 있기 때문입니다. 그러기 위해서는 기본적으로 생각할 줄 알아야 합니다. 생각이 없다면 미신이나 그릇된 종교나 사상에 빠지기 쉽습니다. 생각할 줄 알아야 옳고 그름을 판단하고 자신의 주관에 따라 삶을 살 수 있기 때문입니다.

 너무 어린 아이들에게 철학을 가르친다고 형식적 사고를 강요하는 것은 오히려 학생들을 망치는 지름길이 될 수도 있습니다. 하지만 추상적 사고가 가능한 여러분 나이(초등학교 고학년)부터는 생각하는 습관을 들여야 합니다. 생각하는 힘은 하루아침에 생기는 것이 아니기 때문입니다. 차츰차츰 생각이 쌓여서 올바르게 생각할 수 있는 힘이 생기며, 안목이 생기는 것입니다. 요즘 학생들은 생각하는 힘을 기르지 않고 인터넷이나 게임 등에 빠지기 쉬운 환경에 있습니다.

 이런 학생들을 위해서 이 책을 쓰게 되었습니다. 실제 생활에서 생각할 줄 아는 태도를 길러 줄 수 있다면 더없이 좋겠다는 바람을 가집니다. 그래서 소재를 우리가 흔히 접할 수 있는 전통에서 가져왔습니다. 전통적인 안목은 어떤 것인지 알 수 있으며, 또 낯설지 않게 생각하는 힘을 기를 수 있다고 생각되었기 때문입니다. 이 책을 통해서 많은 학생들이 안목을 기르기 위한 발돋움을 할 수 있기를 바랍니다.

2006년 1월

이종란

차례

프롤로그

내 이름은 김계동. 쌍둥이 동생 소동이와 누나가 한 명 있어. 누나와는 나이 차가 많이 나서 우리 쌍둥이들의 놀이에 누나를 끼워 주진 않아. 사실은 수준 차이 난다고 누나가 우리와 놀아 주지 않는 것이긴 하지만 말이야.

이왕이면 괴팍한 누나 대신 말 잘 듣고 예쁜 여동생이 있다면 더 좋을 텐데. 우리 누난 자기 방에 얼씬도 못하게 하거든. 우리도 들어가고 싶지 않아. 언젠가 방문이 열렸을 때 얼핏 봤는데 돼지도 도망갈 지경이더라고. 핸드폰에 얼굴을 맞대고 찍은 누나의 남자 친구가 봤다면 당장 얼굴을 떼고 싶었을 거야. 그런 방에서 깔끔한 숙녀로 변장하고 나오는 모습을 보면 마술을 부린 것 같다니까.

오빠가 한번 되어 보고 싶은 건 사실 우리 욕심이야. 엄마가 누나를 낳고 몸이 너무 약해지셔서 우리도 오래 기다렸다가 세상에 나올 수 있었거든. 어쩌면 세상 구경은 영영 못했을지도 몰라. 오래 기다린 보람으로 동생과 함께 태어난 건 정말 행운이야. 다른 사람들은 쌍둥이들이 잘 다투고 서로에 대해 시기가 많다고 하는데 우린 그렇지 않아. 가장 좋은 친구이며 동지인 내 동생 소동이, 같이 노는 것이 익숙해서인지 혼자는 심심할 정도야.

소동이와 함께여서 유일하게 불만스러운 건 이름이 불릴 때야. 계동과 소동이라는 이름 때문에 별명이 '개똥이와 소똥이'로 지어졌거든. 하필 똥이 뭐야.

아빠는 우리가 태어났을 때 등을 밀어 줄 아들 녀석이 둘이나 생겼다며 무척 좋아하셨대. 기대는 금방 깨졌다지만 말이야. 갓난아기가 하나도 아닌 둘이 울어 대며 업어 달라니 몸이 약한 엄마 대신 아빠가 우릴 업어 키웠다고 하더라고. 등에 두 명을 업고서

'차라리 때밀이에게 등을 밀리고 말 걸!' 하셨대. 지금은 물론 언제나 우리가 태어난 것에 감사하고 사랑한다고 말씀해 주시지.

그런 아빠가 우리를 사랑해서 지어 주신 이름이 개똥이, 소똥이라니! 그건 아무리 생각해도 너무해. 옥편을 수없이 찾아서 고르고 고른 이름이라는데 뜻이 좋으면 뭘 해. 개똥이 혼자도 아니고 소똥이까지 꼭 짝으로 불리니 말이야. 그렇지만 이젠 하도 들어서 그게 우리 이름 같아. 왜 옛날에도 아이들이 건강하게 잘 자라라고 일부러 그런 이름을 지어 주었다고 하잖아. 그 덕분인지 우리들은 몸무게가 적게 태어났는데도 잔병 없이 잘 커 왔어.

우리 아빠는 대학에서 철학을 가르치셔. 철학 중에서도 동양 철학, 그 중에서도 한국 철학을 말이야. 아빠가 철학을 한다고 하면 사람들은 점 봐 주는 곳인 줄 알더라. 운명 철학, 철학관, 관상, 사주, 뭐 이런 것들이 같이 써 있는 것을 봐서 그런 가 봐. 확실히 철학이 무엇인지 모르겠지만 미래를 점치는 것이 아닌 것이 분명해. 얼마 전에 샀던 주식이 깡통 계좌가 되었다고 엄마에게 잔소리 듣는 걸 봤으니까.

아빠 전공 때문에 서재에는 한문으로 된 책들이 가득이야. 한글로 되어 있어도 모를 말들을 한문으로 써 놓았으니 우리가 뭘 알겠어. 까만 것이 글자라는 정도 밖에.

그런 우리에게 철학과 친해질 일이 생겼으니 그건 말이야, 한밤의 귀신 소동 때문이었어.

귀신과 철학이 무슨 상관이 있느냐고? 이상하지? 그 소동을 계기로 철학이 먼 나라의 어려운 얘기가 아니라 우리 생활에서 벌어지는 문제라는 걸 알게 되었으니 우리는 좋은 귀신을 만난 셈이야. 지금부터 그 귀신 소동 이야기부터 해 줄게. 자, 소리 내지 말고, 쉿!

이 집에 귀신이 산다

천지가 사람과 만물을 생성하는 것은 다만 기(氣)이다.
- 최한기 -

귀신이 나타났다! 한밤중에 자다 깬 계동이는
부엌에서 귀신을 발견한다. 왜 하필 부엌?
억울하게 굶어 죽은 귀신일까? 계동이와 친구들은 귀신
의 정체를 밝히기 위해, 잠복근무를 하게 되는데…….
마늘 즙 물총으로 무장한 아이들과 귀신의 오싹오싹한
대결 현장으로 가 보자!

① 한밤중의 귀신 소동

아직 멀었다. 흙먼지는 풀풀 날리는데 해를 피할 그늘도 없고…… 이어진 흙 길은 끝이 보이질 않는다. 이 심부름만 해 주면 새로 나온 울트라 건담 로봇을 사 주신다는 엄마의 꼬임에 나서긴 했는데, 몇 시간째 걷고만 있는 것이다. 이래서 엄마와의 거래는 웬만해선 하지 말아야 한다. 내가 이득이 될 것 같은 제안을 하지만 결과적으론 엄마에게만 유리한 협상을 하니까 말이다. 알면서도 번번이 꼬임에 속는다니까. 여기 다녀오면 탐내던 로봇을 얻을 수 있다길래 좋다고 한 건데……. 이렇게 먼 줄 알았다면 아빠 구두나 닦을 걸 그랬다. 아빠는 그나마 인심이 후해서 기분 좋을 땐 구두 한 번 닦는데 천 원을 주시기도 하니까 말이다. 그 돈을 모으는 게 나았다. 역시 엄마의 말을 듣는 게 아니었는데.

내가 갖고 싶어 하는 '울트라 건담'으로 말하자면 2005년 최신형으로, 특수 합금 변신 로봇이다. 관절마다 움직이는 건 기본이고 여덟 가지 이상 변신 할 수 있고 다섯 가지 무기를 내장한 진짜 대단한 로봇이다. 아빠가 어릴 땐 겨우 두 가지 모습으로 밖에 변신할 수 없었다고 한다. 한문만 들여다보는 아빠와 내가 공통적으로 관심을 갖고 대화할 수 있는 것은 유일하게 로봇 조립에 대한 것이다.

휴, 그러나 목적지는 아직도 멀고 울트라 건담도 멀다. 다리가 아파 온다. 잠깐 쉬었다 가려고 돌 위에 앉았다. 그러고 보니 목도 마르네. 물이 마시고 싶다. 아…… 물……. 한번 생각나니까 참을 수가 없다. 물, 물, 누가 물 좀 주세요.

그런데……. 앗! 저것은? 거대한 돌덩이가 움직인다! 흙덩이 같기도 하고, 가만……. 저건 스핑크스 아니야? 그럼 여기가 이집트 사막이었단 말이야? 어떻게 여기까지 오게 된 거지? 이런 건

보통 꿈이어야 하는데, 꿈인가? 그래, 꿈이겠지, 설마!

내 앞에 버티고 선 스핑크스가 커다란 입을 열었다.

"아침에는 네 발, 점심에는 두 발, 저녁에는 세 발인 것이 무엇이냐? 맞히면 물을 줄 것이고 틀리면 물에 빠뜨리겠다."

에이, 시시해. 이미 다 아는 질문이잖아. 게다가 이건 꿈인데 뭘. 꿈에서라지만 어차피 목이 마르니 물이나 얻어 마시자.

나는 큰 소리로 대답했다.

"그야 당연히 사람이지. 언제 적 얘긴데 아직도 그걸 써 먹나, 스핑크스? 시대의 조류를 따르라고. 급변하는 현대사회에 발맞추지 않으면 어떻게 살아남겠어!"

대답을 들은 스핑크스가 큰 몸을 흔들며 웃었다. 어, 이야기대로라면 이젠 자기 몸을 던져 죽을 일만 남았을 텐데 웬 웃음이지?

"너야말로 언제 적 얘기로 답을 말하느냐! 시대를 읽지 못해 나라의 운명을 기울게 한 조선의 정치가 같은 녀석, 정답은 울트라 건담 로봇이다!"

이게 아닐 텐데……. 아참, 그러고 보니 이번의 최신형 건담은 다리가 네 개, 세 개, 두 개의 형태로 변신 가능한 모델이긴 하지. 그런데 스핑크스가 그걸 어떻게 알았을까?

"사막을 걸어오느라 목이 많이 마르겠지? 내가 실컷 물을 먹게 해 주마. 자, 약속대로 너를 물에 빠뜨려 주겠다!"

아악! 정말 스핑크스가 달려든다. 꿈인데, 어어 꿈인데, 빨리 좀 깨라. 이러다 정말 물에 빠져 죽겠어!

눈이 번쩍 떠졌다. 휴, 다행이다. 꿈인 줄 알면서도 꿈을 무서워 하는 일도 있다니. 어쨌거나 그게 꿈이었으니 울트라 건담도 날아 갔다. 하긴 엄마가 겨우 심부름 하나 하는 일에 건담 로봇을 사 주 실 리가 없다. 그러면 그렇지.

아, 목이 마르다. 목이 마른 건 사실이었나 보다. 저녁 반찬으로 고등어조림을 먹었던 것이 너무 짰던 모양이다. 엄마의 요리는 늘 들쭉날쭉이다. 어느 날은 간장을 찍으며 먹어야 할 만큼 싱겁다가 어느 날은 오늘처럼 물 찾는 꿈을 꾸게 만든다.

침대에서 일어나 방문을 열었다. 익숙한 우리 집이지만 한밤중 에 보는 거실은 서늘하다. 어둠에 싸인 가구들이 낯선 그림자를 만들고 으스스한 기분을 갖게 하는 것이 싫다. 갑자기 불을 켜는 것도 무섭다. 엄마와 아빠, 동생과 누나 모두 각자의 방에 있을 테 지만 불을 켜는 순간, 내 방 안에 나 혼자뿐이라는 사실이 드러나

더 무섭다. 이래서 밤중에 볼일 생기는 것이 싫다니까.

차라리 불을 켜지 않고 슬금슬금 부엌 쪽으로 걸어 갔다. 희미한 윤곽을 보며 냉장고로 향하는데 순간, 뭔가가 스륵 지나가는 것이 느껴졌다. 잘 보이지는 않지만 분명히 뭔가가 지나갔다. 아, 소름이 돋는다. 빨리 물만 가지고 가야지.

냉장고 문을 열어 물을 꺼내려는데 냉장고의 실내등에 기괴한 얼굴이 비쳤다. 그 순간 나는 그만 오줌을 쌀 뻔했다. 그건 분명히 세상 사람의 모습이 아니었다. 빨리 도망쳐야 해! 이것도 꿈이었다면, 아, 차라리 스핑크스와 격투를 벌이는 게 낫지. 귀신과 싸우는 건 꿈도 꾸기 싫어!

다행히 베란다 쪽이어서 거리가 있기에 부들부들 떨리는 다리를 억지로 끌며 소동이의 방으로 기어 들어왔다. 심장이 벌렁거리고 손가락까지 기운이 빠진다. 얼른 방 불을 켜고 잠자던 소동이를 흔들어 깨웠다.

"무슨 일이야. 나 한참 민지하고 놀고 있었는데. 형 때문이야."

형은 십년감수하고 겨우 살아 돌아왔는데 자기가 좋아하는 그깟 민지 타령이라니.

"야, 민지 공주가 문제가 아니야. 우리 집에 귀신이 있단 말이야."

민지 공주란 우리 반의 3공주라고 뭐 그런 게 있는데, 그중 한명을 그렇게 부르는 거다. 나는 아무리 봐도 매력을 모르겠던데 소동이 녀석은 민지에게 푹 빠졌다. 어쨌거나, 그게 중요한 게 아니라 내가 본 귀신의 실체를 동생에게 알려야 한다.

"귀신이라니, 잘 자다가 웬 봉창 두들기는 소리야?"

"정말 귀신이라니까. 물 마시러 갔다가 분명히 내가 봤어. 다시 나가 봐. 혹시 아직 있을지 모르잖아."

어이없다는 표정으로 내 말을 믿지 않던 소동이 크게 인심 썼다는 듯 나가 봐 주겠다고 했다. 나는 나가지 않을 테니 혼자 가라고 했더니 귀신이 없는 걸 같이 봐야 나도 안심하지 않겠냐며 손을 이끌었다. 소동이도 은근히 겁을 내는 것이 분명했다.

우리는 살그머니 방문을 열었다. 방의 불빛 때문에 집 안이 아주 캄캄하지는 않았다. 방에서 목만 빼고 쭈욱 둘러보는데, 앗! 우리 눈에 뭔가가 잡혔다. 이번엔 부엌 있는 데서 희끄무레한 형체로 움직일 듯 말 듯 서 있는 뭔가가 보인 것이다. 잘은 안 보이지만 머리카락을 길게 풀어헤친 것 같고, 언뜻 머리카락 사이로 보이는 얼굴은 창백하고, 그리고…….

아악! 발이 보이지 않았다!

"까악! 까악!"

우리 둘은 거북이처럼 재빨리 머리를 집어넣고 방문을 걸어 잠 갔다. 그리고 소동이의 좁은 침대에 둘이 뛰어들어 이불을 머리 끝까지 뒤집어썼다. 그래도 몸이 후들후들 떨렸다. 부엌 앞에서 본 귀신의 모습은 텔레비전에서나 보던 귀신의 모습과 많이 비 슷했다! 우리 둘은 서로 끌어안은 채 오돌오돌 떨면서 꼼짝할 수 없었다.

② 귀신의 정체를 밝혀라

"계동아, 소동아, 학교 가야지. 이제 일어나렴."

부스스 눈을 떠 보니 엄마가 보였다. 언제 잠이 들었을까. 환한 아침 햇살 속에서 우리를 깨우는 엄마의 모습을 보니, 안심이 되었다. 무사히 하룻밤을 넘겼다! 아침이니까 귀신도 사라졌을 것이다. 안도의 한숨을 쉬며 자리에서 일어나려고 하는데, 어깨, 다리, 손목까지 온몸이 다 저렸다.

"녀석들, 좁은 침대에서 왜 둘이 자고 있니? 또 밤에 무슨 꿍꿍이를 짜느라고 그랬구나. 자, 늦었으니까 어서 씻고 준비해."

꿍꿍이라니. 엄마는 아들들이 겪은 공포의 밤도 모르면서.

소동이와 나는 간밤의 오싹 체험을 털어 버리려고 자리에서 일어났다. 서둘러 세수를 하고 밥을 먹으려고 식탁에 앉다가 소동이와 나는 눈을 마주치고 신호를 교환했다.

'바로 저기, 저 냉장고 앞쪽이었지.'

'맞아. 새벽닭이 울면 귀신은 도망간다고 했는데 닭 울음도 없는 여기에선 어떻게 사라진 걸까?'

'아마 엄마의 목소리에 놀라 달아났을 거야. 엄마 목소리엔 아빠도 달아나잖아.'

우리 둘은 잠시 귀신도 쫓아 버릴 엄마의 쟁쟁한 목소리를 상상하며 키득거렸다.

"이 녀석들, 분명히 무슨 모의를 한 거구나. 둘이 킬킬거리며 눈 마주치는 게 수상해. 엄마를 속일 생각은 마. 너희들 행동은 엄마 눈에는 훤하다고."

엄마의 협박은 주로 이런 거다. 너희들은 엄마 손바닥 안에 있다는 것. 엄마는 심리학을 공부했다는데 아마 남의 속마음 읽기만 배웠나 보다. 그렇지만 그것도 틀릴 때가 많다. 우리는 엄마의 눈을 완벽하게 피해 진짜 꿍꿍이를 성공시키기도 하니까 말이다. 쌍둥이라는 점을 이용해서 소동이가 나인 척, 내가 소동이인 척 해도 엄마는 자주 속는다.

"엄마, 내 빨간 스타킹 못 봤어? 아이 참, 한 짝만 굴러다니고, 아무래도 못 찾겠어. 늦었는데!"

역시나! 매일 아침에 일어나는 당연한 소동이다. 내 동생 소동이가 아니라, 누나가 일으키는 소동이다. 그 뒤죽박죽 돼지우리에서 무언가를 찾아내면 그게 더 신기한 일이지. 누나는 그래서 자주 스타킹을 짝짝이로 신고 간다. 누나의 친구들은 패션 감각 있다고 칭찬한다는데 진실을 알면 기막혀 할 것이다.

누나는 오늘도 빨간색과 보라색의 스타킹을 꿰어 신고, 우리 둘이 들어갈 만한 큰 가방을 메고 허둥지둥 나갔다. 누나의 저 가방엔 도대체 뭐가 들어 있을까? 뭐가 들었든 귀신도 혼비백산 할 만큼 엉망으로 뒤섞여 있을 건 확실하다.

참, 귀신하니까 어젯밤 보았던 희끄무레한 물체가 생각이 났다.

"엄마, 혹시 우리 집안에 억울하게 죽은 조상 있어요?"

"아침부터 무슨 황당한 얘기야?"

엄마의 어이없어 하는 표정에 소동이 얼른 말을 이었다.

"수업 시간에 조선 시대에 대해 배웠거든요. 조선이 거의 끝나갈 무렵, 그때는 세도정치로 인해 나라가 어지럽고 백성들은 살기 어려웠대요. 그래서 억울하게 죽은 사람들이 많았대요. 낼 수도 없는 세금을 못 냈다고 잡아가고, 봄에 모래 섞은 곡식을 빌려 주었다가 가을에 알곡으로 갚게 해서 능력이 안 되는 백성도 잡아가고. 형이 그래서 물어본 거예요. 그렇지 형?"

소동이의 임기응변은 신이 내린 재주다. 나는 혹 집안에 한이 맺힌 귀신이 있어서 어젯밤 우리에게 나타난 것은 아닐까 해서 엄마에게 물었던 건데, 뻔히 떨어질 엄마의 일장 연설은 미처 계산하지 못했다. 엄마는 분명히, 너희들의 정신이 약해져 있어서 스스로 귀신을 만들어 내는 것이며, '귀신이란 마음이 그려 낸 가짜에 불과하고……' 와 같은 심리학자 같은 설명들을 늘어놓으셨을 거다. 소동이의 센스로 엄마에게 연설 듣는 것을 피한 우리는 서둘러 학교로 향했다.

소동이는 5학년 3반 교실로 들어가고, 나는 우리 반에 오자마자 태근이와 민수를 찾았다.

"야, 어젯밤 무슨 일이 있었는지 알아?"

"뭔데? 이불에 오줌이라도 쌌냐?"

태근이가 너무 큰 소리로 말을 해서, 그 소리를 들은 여자 아이들이 나를 힐끔 쳐다보며 킥킥 웃었다. 내가 나이가 몇 살인데 그런 추측을 하다니, 어처구니가 없었지만 그냥 넘어가기로 했다. 귀신 이야기를 듣고 나면, 태근이가 오줌을 쌀지도 모른다.

"내가 왜 오줌을 싸냐? 근데 모르지. 너라면 오줌을 쌌을지도, 크크."

"왜? 귀신이라도 본 거야?"

"이야, 너 자리 깔아도 되겠다. 맞아, 나 어젯밤에 진짜 귀신 봤어."

"뭐? 요즘 세상에 무슨 귀신이야! 쳇, 정말 귀신 씻나락 까먹는 소리하고 있네. 잠결에 헛것을 봤겠지."

민수가 말할 것도 없다는 듯 비웃었다.

"그래 맞아, 너 원래 헛짓 잘하잖아. 축구를 해도 헛발질만하고 말이야, 크크."

"야! 김태근, 너!"

"아, 알았어. 장난이야, 미안. 그런데 진짜 귀신이었다고?"

"그렇다니까. 못 믿겠으면 오늘 밤 우리 집에서 같이 보자."

"진짜지? 진짜 아니면 너 열흘 동안 내 가방 들어 주는 거다. 그리고 만약 나타나면,"

태근이의 말에 민수가 얼른 대답한다.

"만약 나타나면, 그땐 귀신의 정체를 밝혀야지!"

다시 나타나리란 확신은 없었지만 왠지 오늘 밤도 나타날 것 같았다. 친구들과 같이 있을 때 나타나 주면 좋을 텐데. 이젠 도리어 귀신을 기다리고 있는 꼴이네. 나도 귀신의 정체가 궁금하다. 우리 눈에 왜 보인 걸까? 부엌에 나타난 것을 보면 굶어 죽은 귀신인가?

일단 태근이, 민수와 오늘 밤 함께 있기로 했는데, 부모님의 허락을 얻어 내는 일이 문제였다. 같은 아파트 단지에 살고 있어서 부모님이 서로 아는 사이시지만, 귀신 이야기를 하면 꾸중하실 게 뻔했다.

아! 좋은 수가 생각났다. 내일 모둠 수업 연극 발표가 있어서 연습이 필요하다고 하면 되겠다. 전에 민수 부모님이 여행을 가셨을 때 우리 집에서 모여 잤던 적이 있으니까, 말만 잘하면 허락을 받을 수 있을 것이다.

③ 귀신, 드디어 모습을 드러내다

　어렵지 않게 부모님의 허락을 얻어 낸 태근이와 민수 그리고 소동이와 나는 내 방에 모였다. 우리는 만약 진짜 귀신이 나타나면 어떻게 해야 할 것인가에 대해 머리를 맞댔다.

　"우선 귀신이 속을 털어 놓을 수 있게 물어보는 거야. 다정하고 친절하게."

　태근이의 제안에 민수가 고개를 저었다.

　"야, 아무리 그래도 귀신이 보이면 무서운 게 먼저일 텐데 친절한 말이 나오겠냐?"

"귀신은 해를 끼치지 않는 댔어. 그냥 사람들이 공포를 느끼는 거지."

태근이의 대답을 들어도 우리는 안심이 되지 않았다. 어젯밤에 벌벌 떨던 기억이 아직 생생한데, 귀신에게 친절하게 말을 건넬 엄두가 나지 않았다.

"에이, 귀신 잡는 총이 있으면 좋을 텐데. 고스트 버스터 영화 보면 광선총으로 피유웅!"

말도 안 되는 민수의 말에 소똥이 대답했다.

"그러지 말고 우리 물총이라도 들고 있자. 마늘 즙을 섞어서 물총에 담고 있다가 혹시 위협이 느껴지면 그냥 쫙 쏘는 거야. 귀신은 마늘을 무서워한 댔으니까 마늘 즙도 겁먹겠지."

"역시 소똥이야. 그런데 개똥은 뭐에 쓰냐."

태근의 놀림에도, 사실 소똥이의 말이 가장 그럴 듯했기에 우리는 그렇게 하기로 했다.

물총은 여름에 쓰던 것이 있었고, 마늘 즙은 마침 냉장고에 있었다. 마늘 즙을 기미에 바르면 좋다는 말을 어디선가 듣고 엄마가 만들어 둔 것이었다.

이제 준비는 다 되었고, 귀신만 나타나 주면 된다. 우리는 서로 졸지 않도록 수다를 떨며 열두 시가 넘기를 기다렸다.

댕, 댕, 댕…….

드디어 자정이 넘었다. 어제도 이 시각쯤이었으니 아마 오늘도 이쯤 나타날 것이다. 우리는 방 불을 껐다. 그리고 마늘 즙 물총을 장전하고 살며시 문을 열었다. 어둠에 익숙해져 물체들이 보였다. 여기저기 둘러보는데, 그 순간 우리 눈에 무엇인가 잡혔다.

"악! 까악!"

"헉, 저게 뭐야!"

누나 방 옆쪽으로 무엇인가 지나갔다. 어제 본 그 형체였다!

"저기, 저, 저, 누, 누구세요? 거기, 무, 무슨 사, 사연으로 귀, 귀, 귀, 귀신이 되, 되셨나요?"

태근이가 아까 큰소리 친 것과 달리 기어들어 가는 목소리로 물었다. 친절한 말투는 아니지만 어쨌거나 물어보긴 했다. 그런데 귀신은 아무 소리도 하지 않았다.

그러다가 잠자코 있던 귀신이 스륵스륵 하얀 치맛자락을 끌며 우리 쪽을 향해 걸어오는 것이 아닌가! 발이 보이지 않아 꼭 공간 이동을 하는 것처럼 보였다.

"야, 어떻게 좀 해 봐, 너희 집이잖아!"

귀신은 없다고 큰소리 치던 민수가 바들바들 떨면서 내 뒤로 숨으며 말했다.

"내가 고스트 버스터냐. 나도 무서워 죽겠단 말이야."

우린 서로 뒤로 숨겠다고 난리가 났다. 그런데 그 순간, 태근이와 소동이가 마늘 즙 물총을 쏘기 시작했다.

"가까이 오지 말란 말이야! 귀신은 물러가거라!"

거기에 힘을 얻은 민수와 나도 필사적으로 마늘 즙을 뿌려 댔다.

"맞아! 여기는 귀신이 나타날 데가 아니야! 네가 있을 곳으로 돌아가!"

"아악! 차가워. 야, 이 녀석들아! 이게 뭐야? 그만 두지 못해?"

우리의 공세에 놀란 귀신이 팔을 내저으며 마늘 즙을 막았다. 그리곤 스위치를 찾아 형광등을 확 켰다. 귀신이 전깃불을 켜는 것을 본 우리는 당황해서 멈칫했다.

"야! 너희들 뭐야? 그 물총에 뭐 넣었어? 아이, 따가워!"

우리는 눈앞에 펼쳐진 광경에 귀신을 본 것보다 더 놀랐다. 환한 불빛 아래 서 있는 건 귀신이 아니라 바로 우리 누나였던 것이다! 얼굴은 마늘 물총 공격을 받아서 하얗고 빨간 분장이 얼룩덜룩 지

위지고, 머리는 마구 헝클어져 귀신보다 더 무서웠다. 누나는 흉측한 몰골을 하고 무서운 눈으로 우릴 노려보았다.

한밤중 거실에서 일어난 소동 때문에 주무시던 부모님도 뛰쳐나오셨다.

"아니, 이게 무슨 일이야? 아이고, 은영아, 너는 꼴이 그게 뭐니?"

"아이 참, 난 몰라. 다음 주에 분장 시험이 있어서 귀신 분장 연습하고 있었는데, 얘들이 꼴을 이렇게 만들었단 말이야. 물총엔 뭘 넣었는지 얼굴이 따가워 죽겠어. 으앙!"

아무래도 우리가 잘못 건드린 것 같았다. 다 큰 누나지만 울 때는 어린애처럼 폭발하는데, 더구나 얼굴까지 화끈거리게 만들었으니 우린 죽었다. 차라리 진짜 귀신이 덜 무서울 것이다.

"은영이는 우선 얼굴부터 씻어라. 마늘 냄새가 나는데, 이 녀석들 도대체 물총에 무엇을 넣고 쏜 거냐? 연극 연습한다고 하더니, 넷이서 누나나 괴롭히고, 쯧쯧. 이게 무슨 소동이야?"

엄마의 야단에 우린 어젯밤의 얘기를 했다. 그리고 우리가 귀신이라고 본 건 어제도 오늘도 누나였다는 사실을 알게 되었다. 누나도 참. 어린 동생들을 그렇게 놀라게 하다니. 누나는 특수 분장을 공부하는데 다른 건 몰라도 그 일만큼은 열의가 넘친다. 어제도 밤

늦도록 분장 연습하다가 마침 내가 나오는 소리에 진짜 귀신같아 보이는지 시험해 보고 싶어서 슬그머니 서 있었던 것이었단다.

누나의 벼락같은 울음소리에 겁먹고 있는 우리에게 다행히 누나는 더 이상 화내지 않았다. 아마도 우리가 깜빡 속을 만큼 자신의 분장 실력이 뛰어났다는 것에 더 만족했나 보다.

"너희들, 귀신이 그렇게 무서웠냐?"

아빠가 물어보셨다.

"그럼 아빠는 안 무서워요? 에이, 진짜로 보면 기절하고 말 걸요."

"너희들, 아빠가 얼마나 대단한 사람인지 모르는 모양이구나. 아빠가 이래 봬도 대한민국 육군 출신이야."

아빠도 참 뻥이 심하시다. 엄마에게 들어서 다 아는 줄도 모르시고, 쯧쯧. 엄마 말씀에 아빠는 군대 있을 때, 면회만 가면 힘들다고 눈물을 글썽거리셨단다. 그래서 혹시라도 헤어지자고 하면, 이 나약한 사람이 탈영한다고 난리를 칠까 봐 헤어지지도 못하고 결혼까지 이르렀다고 하셨다. 물론 사랑해서 결혼하셨고, 그냥 웃자고 하시는 말씀이겠지만 그래도 아빠가 큰소리치시는 것처럼 씩씩한 대한민국 육군은 아니셨던 것 같다.

"에이, 엄마한테 다 들었는데……."

"무슨 소리를 들었다는 거야. 흠흠, 어쨌건 용감한 사나이가 아니더라도 귀신을 무서워할 필요는 없어. 왜냐하면 귀신은 없으니까."

"귀신이 없다는 걸 어떻게 알아요? 있다는 것도 미심쩍지만, 없다는 것도 모르는 거잖아요."

나의 말에 아빠가 단호히 대답했다.

"그럼, 왜 귀신이 없다고 하는지 같이 생각해 볼까? 이미 150년 전에 조선의 철학자 최한기가 그런 이론을 주장했거든. 적어도 그분 말씀에 따르면 귀신은 없어."

"아유, 참. 또 전공 나오셨네. 당신은 전공 얘기만 나오면 시간도 모른다니까. 난 그만 들어가서 잘래요. 애들 토끼 눈 만들지 말고 일찍 재워 주세요, 네?"

아빠의 이야기가 시작되면 끝이 없다는 것을 아는 엄마는 누나와 함께 얼른 방으로 들어가 버리셨다. 그러나 우리는 거실에 남아서 아빠가 들려주는 귀신 이야기에 귀를 기울였다.

④ 귀신은 없다

힐끗 시계를 보니 새벽 한 시가 훨씬 넘었다. 그러나 아빠의 말을 듣다 보니 정말 그럴까 궁금해져서, 잠을 자러 들어갈 수 없었다. 우리는 어차피 밤을 지새우려고 모인 것이니 말이 나온 김에 얘기를 들어보기로 뜻을 맞췄다.

"그런데 아저씨, 조선 시대 철학자가 그랬다고요? 최한기라는 이름은 처음 듣는데요."

아빠는 자신의 전공에 우리들이 관심을 보이는 것이 반가웠는지

신이 나서 설명하시기 시작했다.

"최한기는 19세기 초인 조선 시대 후기에 살았던 학자인데, 그때는 관리들이 부패해서 자기 배를 채우는 데만 급급했었어. 그러다 보니 백성들은 살기 어려웠지. 최한기는 그러한 세상을 보면서 실학을 연구했던 분이야. 실제로 생활에 도움이 되는 학문이라는 뜻의 실학은 다들 알고 있지? 백성은 굶어 죽는데도 이것저것 이름을 붙여서 세금을 강제로 거두고, 또 곡식을 빌려 주고는 몇 배로 갚게 했단다. 최한기는 그런 세상을 한탄하면서 백성들이 잘살 수 있는 길을 찾아보려 힘썼던 선비였어."

순간 소동이와 내 눈이 마주쳤다. 오늘 아침 임기응변으로 둘러댔던 소동이의 말과 거의 똑같았기 때문이다. 우리는 이상한 기분이 들었다.

"당시에 조선은 외국의 문물이 들어오는 것에 반대해 굳게 문을 닫고, 외국의 발달한 문명 기술 등을 받아들이지 않았단다. 조선의 뿌리가 흔들리게 될 것을 염려한 거지. 그러나 최한기는 우리 것만 지켜서는 살기 어렵다고 생각했단다. 그래서 선진 문물을 받아들이고 변하는 시대에 발을 맞추어야 한다고 주장했어. 나라의 문을 굳게 닫아 두는 동안 결과적으로 나라의 발전만 더디게 했거든."

조선 시대에 외국의 발달한 기술을 받아들이지 않고, 문을 굳게 닫아 두었다는 것은 사회 시간에 배웠다. 안동 김씨, 풍양 조씨 등 나라를 움직인 세력들에 대해서도 들은 적이 있었다. 그것을 세도 정치라고 했던 것 같다. 그리고 고종의 아버지인 흥선대원군이 쇄국정책을 펼쳤다는 것도 배웠다. 쇄국정책이란 나라의 빗장을 걸어 잠갔다는 뜻이다.

"아, 그거 배웠어요. 쇄국정책이죠? 고종의 아버지인 흥선대원군이 쇄국정책을 무척 강하게 폈다고 배웠어요."

민수가 아는 척을 하자, 아빠는 고개를 끄덕이셨다.

"그래, 잘 알고 있구나. 최한기는 재산의 대부분을 책을 사는 데 썼다고 해. 한문으로 번역된 서양의 과학 책들을 주로 샀는데, 어떤 책은 국내에서 볼 수 없는 아주 비싼 것도 있었단다. 원래는 논과 밭을 많이 갖고 있었던 듯한데, 책을 사고, 책을 쓰고, 책을 출판하느라고 많은 재산을 썼다는구나. 나중에는 책을 헌책방에 팔고 다시 돈으로 바꿀 정도로 어려웠다고 해."

"우와, 그럼 아빠 서재에 있는 책보다 훨씬 많았겠네요?"

내가 놀라서 묻자, 아빠는 당연하다는 표정을 지어 보이셨다.

"그럼! 최한기가 직접 쓴 책만 해도 천 권이 넘는다는데……. 그렇게 책을 많이 읽고, 또 많이 썼단다. 특히 서양 과학 기술에 대해 많이 읽었기 때문에 최한기의 철학은 과학적 지식을 많이 담고 있어."

"아하! 그래서 최한기가 귀신은 없다고 한 거군요?"

민수가 고개를 끄덕이며 자기도 귀신은 없다고 생각한다고 말했다. 아버지는 그런 민수를 보고 웃으셨다.

"허허허, 그렇단다. 최한기도 과학적으로 밝혀진 사실을 바탕으로 모든 것을 생각하다 보니 귀신이나 미신을 믿지 않은 것이란다."

아빠의 이야기를 듣고 있던 나는, 어느 순간부터인지 혼자만의 생각에 빠져 있었다.

'시대의 변화를 따라야 한다? 어디선가 듣던 말인데……. 어디지……. 아, 그래! 스핑크스! 꿈 속에서 했던 말이 이거였지. 조선의 정치가 같은 녀석 어쩌고 말이야.'

스핑크스의 꿈을 꾸고 난 다음부터 모든 게 이상했다. 귀신 소동도 그렇고, 최한기의 이야기를 듣게 된 것도 그렇고, 다 관련이 있어 보였다. 혹시 그 꿈 속의 스핑크스가 다 꾸며 낸 것일까? 그렇다면 지금 이 상황도? 아직 내가 꿈을 꾸는 중?

⑤ 세계는 오직 기(氣)로만 이루어져 있다

　이게 꿈은 아니겠지! 나는 볼을 꼬집어 보았다. 아팠다. 분명 꿈은 아닌 것이다. 나는 괜한 생각을 떨쳐 버리려고 고개를 저었다. 다른 아이들은 아빠의 말을 열심히 듣고 있었다. 수업 시간에는 꾸벅꾸벅 조는 태근이도 웬일인지 졸지 않고 잘 듣다가, 입을 열었다.

　"그땐 실험 기구나 기계도 발달하지 않았을 텐데, 어떻게 과학적으로 사실인지 아닌지 밝힐 수 있었을까요?"

"물론 실험 기구는 없었지만 한문으로 번역된 서양의 과학책을 보고, 또 세상의 변화와 자연의 모습들을 보면서 생각을 정리했지. 그걸 《기학》, 《기측제의》라는 저서에서 기(氣)라는 것으로 설명했단다."

우리는 입을 모아 물었다.

"기요? 길거리에서 이상한 사람들이 도나 기를 아십니까 할 때 그 기 말이에요?"

아빠가 웃으시며 말했다.

"그래. 그것도 기지. 기라는 말은 사실 우리 일상생활에서 많이 쓰이는 말이야. 공기, 기운이 없다, 활기차다, 기가 막히다, 이런 말들에 다 기가 들어가지 않니? 이 기는 다른 말로 물질이라고 이해하면 된단다."

이야기를 듣던 민수가 고개를 갸웃했다.

"기, 그러니까 물질이 어떻다는 거예요? 세상이 다 물질이다 뭐 그런 건가요?"

아빠는 눈을 크게 뜨며 민수를 봤다.

"녀석, 대단한대. 내가 말하려는 것이 바로 그거란다. 세상에 있는 것은 물질 뿐이라는 거야. 가장 작은 단위인 물질이 모였다가 흩어졌다가 하면서 세상을 구성하는 거란다."

조용히 있던 소동이 물었다.

"그럼 아빠가 말하는 물질이란, 과학 시간에 배운 원자, 분자 같은 건가요?"

"그렇다고 할 수 있겠지. 지금은 더 작은 단위까지 연구하고 있다는데, 어쨌거나 쪼개질 수 없는 가장 작은 단위를 물질이라고 이해하면 될 거야. 쉽게 예를 하나 들어 볼까? 저기 돌하르방이 보이지?"

아빠는 장식장에 진열된 돌하르방을 가리켰다. 우리 부모님이 신혼여행 때 사 오신 기념품이다. 가지고 있으면 아들 낳고 금실이 좋아진다는 말에 샀다는데 완전 거짓말은 아니었나 보다. 딸에 아들도 둘이나 낳았으니 말이다.

"저 돌을 쪼개고 갈면 무엇이 되겠니? 작은 알갱이에서 돌가루가 되었다가 나중에는 먼지가 되고, 공기 중에 흩어질 거야. 결국 공기도 먼지도 돌도 다 물질이 모여서 이루어진 거지."

듣고 보니 그런 것 같았다. 공기도 결국은 물질이었다.

"자, 또 다른 예를 들어 볼까? 여기 저녁 때 먹다 남은 고구마가 있구나. 이 고구마를 먹으면 소화가 되서 똥으로 나올 거야. 똥도 나중에는 흙 속에서 썩어서 공기 중에 흩어지겠지?"

태근이와 민수가 실실 웃으며 물었다.

"그럼, 개똥, 소똥도 결국 기가 모인 거고, 물질이겠네요?"

아빠는 같이 웃으며 대답했다.

"그렇지. 똥도 방귀도 물질이지. 최한기는 눈앞에 보이는 것이나 보이지 않는 것이나 그 근원은 모두 물질이라고 했어. 세상의 모든 것, 공기, 물, 돌, 나무, 사람 모두 물질이야."

그럼 귀신도 물질이지 않나 하는 생각이 머리를 스쳤다.

"그럼 귀신도 물질 아닌가요?"

귀신은 없다에서 시작한 얘기였는데, 세상의 모든 것이 기로 이루어져 있다니, 그럼 귀신도 기로 이루어졌다는 말 아닌가?

"그건 아니지. 우리가 귀신이 있다는 데에서 시작을 했다면, 귀신도 물질이라고 결론을 내릴 수 있지만, 애초에 귀신은 없다고 시작했잖아. 그러니까 귀신은 물질도 아니고, 그냥 없는 거야. 최한기는 과학을 바탕으로 기학을 연구했기 때문에 과학적으로 증명할 수 없는 것은 없다고 말한다. 너희들, 확실히 귀신이 있다는 과학적 증거를 본 적 있니?"

우리는 서로 얼굴을 쳐다보았다. 민수는 당연히 없다는 표정이었지만, 나머지 세 명은 아직 긴가민가하는 표정이었다.

"귀신이 있다는 과학적 증거는 본 적 없어요."

우리가 서로 쳐다보고 있는 사이, 민수가 확신에 찬 목소리로 대답했다.

"그래. 그런 거 본 적 없으니까 귀신은 없는 거야. 알겠지?"

"네!"

우리들은 큰 소리로 입을 모았다.

⑥ 물질은 항상 움직이며 변한다

귀신이 없다고 생각하니 마음이 편하긴 했다. 꿈에 본 스핑크스도 그냥 개꿈이었을 뿐이다. 나는 편안한 마음으로 아빠가 들려준 이야기에 대해 생각해 보았다. 눈에 보이는 것은 모두 물질이라고 하더라도 이상한 것이 없었다. 그런데 세상에는 눈에 보이지 않는 것도 있다. 그런데 그것들도 다 물질이라고 하는 것은 아무래도 잘 이해가 되질 않았다.

"아빠! 세상엔 눈에 보이지 않는 것도 많은데, 그것들도 다 물질인가요? 음악이나 마음, 생각 같은 것은 물질이 아니지 않나요? 최한기는 어떻게 이야기 했어요?"

"흐음, 날카로운 질문인데? 껄껄껄. 최한기는 그런 것도 물질이라고 했어. 정확히 말하면, 물질의 운동이라고 했지. 물질의 움직임이 그런 것을 만들어 낸다는 뜻이란다."

아빠는 자신의 이야기를 잘 이해해 준 것이 흐뭇했는지 덧붙여 말씀하셨다.

"만물은 물질로 되어 있다고 했지? 돌이 가루가 되었다가 사라지는 것처럼, 물도 수증기가 되었다가 구름을 거쳐 비로 떨어지지. 너희들도 배웠듯이 지구의 환경도 시대에 따라 계속 변해 왔고 기후도 문명도 변한다. 물질이 계속 움직이고 변하기 때문이야. 지구의 나이가 45억 년이라고들 하는데 아마 수십억 년이 지나면 태양이 폭발하고 태양계는 새로운 별이 되어 지구는 없어질 거야. 그건 물질이 그렇게 하는 거지. 물질 외에 어떤 것이 있어서 그렇게 만드는 것은 아니란다."

그때 갑자기 태근이가 손을 번쩍 들었다. 아빠의 이야기에 완전 빠져 든 표정이었다. 그렇지만 학교 수업도 아닌데 촌스럽게 손을 들다니, 하여튼 태근이의 엉뚱함은 못 말린다.

"아저씨, 그거 우주의 법칙 때문에 그런 거 아니에요? 아르키메데스 원리가 있어서 배가 뜨고, 파스칼의 원리가 있어서 자동차 브레이크도 만들었잖아요?"

과학을 좋아하는 태근이가 아는 체를 한다.

"태근이가 똑똑한 질문을 하네. 예전에는 그렇게 믿는 사람들이 많았단다. 그렇지만 생각해 보렴. 물이나 공기 같은 물질이 없었다면 배나 비행기가 만들어졌겠니? 법칙이 생겨날 수 없었을 거야. 법칙이 먼저가 아니라, 물질이 먼저 있었기 때문에 그에 따라 법칙이 생겨난 게 아니겠니?"

민수가 이젠 졸음이 오는지 하품을 하며 물었다.

"법칙이 먼저든 물질이 먼저든 뭐가 중요해요? 말장난 같아요."

민수의 말에 정색을 하며 아빠가 대답했다.

"이건 말장난의 문제가 아니란다. 만약 법칙이나 원리가 먼저라고 생각하게 되면 말이지, 변하는 세상이 아니라 변치 않는 원리나 법칙이 중요하게 되니까 말이야. 예를 들어 '남자는 하늘, 여자는 땅'이라는 예전의 법칙이 불변이라면 그걸 인정할 수 있겠니? 세상은 당연히 변해 가는 것인데."

"그래도 영원할 수 있는 무언가는 있지 않을까요? 부모님의 사랑 같은 거 말이에요."

소동이가 물었다. 나와는 달리 감상적이어서 그런지 질문도 역시 감상적으로 한다.

"아빠도 그랬으면 좋겠다. 그런데 '물질로 이루어진 것이 변한다, 사람도 물질이다.'라는 면에서는 변화가 생길 수도 있을 거야. 만약 인간이 더 이상 자식을 낳을 수 없게 되고, 인간을 복제하는 방법으로 자손을 퍼뜨리게 된다면, 자식을 사랑하는 마음 같은 건 의미가 없어지지 않겠니? 우리가 사는 동안에는 부디 그런 일이 없길 바라지만 말이다."

"윽, 그건 너무 무서운 일이에요. 왠지 슬퍼지는걸요. 사랑이 변할 수도 있다니……."

아빠의 말에 소동이 우울한 얼굴로 대답했다.

"그렇지만 그건 가능성도 거의 없는 먼 얘기고, 최한기의 뜻은 변하는 시대에 맞지 않는 옛것만을 고집하면서 백성들을 어렵게 만들고 또 나라의 운명까지 위태롭게 하는 생각을 바꾸자는 것이었지. 진작 최한기의 뜻을 따랐다면 우리 역사는 훨씬 덜 어려움을 겪었을 거야. 자, 이쯤에서 그만 하고 이제 잠을 자야겠지?"

사실 우리는 진작부터 꾸벅꾸벅 졸고 있었다. 이 깊은 밤에 공부하기 위해 깨어 있다니 스스로도 대견한 일이다. 듣다 보니 아빠의 철학 이야기도 영 재미없는 건 아니었다.

"자러 가기 전에 아빠가 질문 하나 하마. 오늘 우리는 많은 걸 알게 되었지? 우리는 어떻게 아는 것일까? 안다는 건 무엇일까? 이 문제를 너희들이 한번 풀어 보렴. 생각보다 흥미 있는 과제가 될 텐데, 어떠냐?"

졸음은 쏟아졌지만 궁금하긴 했다. 안다……. 안다……. 한번 궁리해 봐야겠다. 우리는 그러겠다고 대답하고, 귀신 소동 때문에 설쳤던 잠을 자러 갔다.

최한기는 말하였습니다.

"하늘과 땅과 인간과 만물이 생겨나는 것은 모두 기(氣)가 변해서 만들어 내는 것이다." 또 "천지를 꽉 채우고 물건과 몸을 감싸고 있으며, 모이기도 하고 흩어지기도 하고, 모이지도 않고 흩어지지도 않는 것은 모두 기다. 내가 태어나기 전에는 오직 이 하늘과 땅의 기였고, 내가 태어날 때에는 곧장 형체로 이루어진 기가 되었다가, 내가 죽은 후에는 다시 하늘과 땅의 기로 되돌아간다."

이 말들은 계동이 아빠가 말한 대로 세계가 오직 기로만 이루어져 있다는 것입니다. 이렇듯 기는 없는 곳이 없고, 또 사물은 모두 기로 이루어져 있다고 합니다. 이것을 정리하면 눈에 보이는 물건이나 보이지 않는 공기나 그것이 이동하는 바람도 모두 기인 것입니다. 이 세상에 있는 것은 모두 기와 관계있습니다.

그러면 우리의 생각이나 감정, 과학적 법칙도 기일까요? 그렇습니다. 기는 저 강가에 있는 돌멩이처럼 가만히 있거나 강물에 떠밀려 가는 것이 아니라, 마치 살아 있는 생물처럼 활동을 합니다. 그래서 최한기는 기의 성질을 활발하게 움직이며 두루 돌고 변화하는 것으로 설명합니다. 그러니까 우리가 생각하거나 감정을 갖는 것은 기가 작용하는 현상입니다. 기가 없다면 우리의 생각이나 감정도 없겠지요. 과학 법칙도 마찬가지입니다. 기 곧 물질이 있으니까 그것에 따라 법칙이 있는 것입니다. 기의 운동하는 방식이 바뀌면 법칙도 바뀔 것입니다.

그런데 이 세상의 모든 것이 공기와 같은 기일까요? 그렇지 않습니다. 이미 어떤 물체가 되면 기가 아니라 기가 변한 질(質)이라고 부릅니다. 우리가 물질이라고 말할 때 바로 그 질입니다. 그러나 그 질도 기가 엉겨서 된 것이므로 결국 기와 같은 것입니다. 가령 앞에서 나온 돌하르방은 기가 엉긴 질입니다. 그러나 돌하르방을 갈아서 가루로 만들고, 또 그 가루를 전자현미경만으로 볼 수 있을 때까지 잘게 부순다면, 이때는 돌하르방이 흩어져 기가 되는 것입니다.

그렇다면 공기에는 산소, 수소, 질소가 포함되어 있듯이 기에도 종류가 있을까요? 네, 최한기는 차고 덥고 건조하고 습한 기가 있다고 보았지요. 그리고 서양 책을 통해서 산소와 수소 같은 공기가 있다는 것도 알았습니다. 그리고 이런 것을 통틀어 기라고 불렀습니다. 현대 철학에서 '물질'이라고 할 때 금이나 은, 물이나 기름만을 가리키는 것이 아니라 그러한 것들을 통틀어 물질이라고 말하는 것과 같습니다.

그럼 여러분의 주변에서 기와 관계되지 않은 것을 찾을 수 있을까요?

2

안다는 것은 무엇일까?

사물이 있고 사유 기관이 그에 따라서 발동해야만 비로소 인식하고 파악할 것이 있다.

- 최한기 -

안다는 게 뭐냐고? 쌍둥이와 친구들은 한밤중
귀신 소동 때문에 조선 시대 실학자인 최한기에 대해
알게 되었다. 그런데 동양철학을 공부하신다는 쌍둥이 아
빠는 '안다는 게 뭘까?' 라는 퀴즈를 내셨다. 알다, 알다,
알다……. 흠음, 아는 게 아는 거지 뭐. 이런 시시한 대
답 말고, 정말 '안다는 것'은 무엇일까?

① 과학적 탐구 학습

"늦었다, 늦었어!"

모두 늦잠을 자 버린 우리는 양치질은 물론 세수도 못한 채 학교로 뛰었다. 달리면서 눈곱은 침을 묻혀 슥 문질러 닦았다. 휴, 다행히 아슬아슬하게 교실에 도착할 수 있었다. 1분만 늦었으면 책가방 들고 서 있을 뻔했는데 정말 다행이다.

딩동, 딩동!

1교시 시작종이 울렸다.

"오늘은 탐구 학습에 대해 배우겠어요."

선생님은 칠판에 '가설, 실험을 통한 검증, 새로운 사실 인정'이라고 쓰셨다.

"자, 과학자들은 새로운 원리를 어떻게 발견하게 되었을까요? 누가 답해 볼까?"

희진이가 조용히 손을 들었다.

"무엇이 어떻게 될 것이라는 추측이 사실인지 아닌지 실험을 해서 밝히는 것 아닐까요? 아르키메데스가 목욕을 하다 몸이 물속에서 가볍게 느껴지는 것을 발견해 부력을 생각해 내고 실험을 통해 밝힌 것처럼요."

"그래. 희진이가 좋은 대답을 해 줬구나. 여러분도 잘 알고 있듯이 아르키메데스는 임금의 왕관이 순금인지 아닌지를 조사하다가 부력의 원리를 발견해 냈어요. 은이나 구리는 금보다 밀도가 작기 때문에 같은 질량의 금보다 부피가 더 크죠. 그러므로 왕관과 같은 무게의 금을 물속에 넣었을 때 넘치는 물의 양과 왕관을 넣었을 때 넘치는 물의 양을 비교해 보면, 왕관이 순금인지 아닌지 알 수 있을 거예요. 아르키메데스는 이런 가설을 생각해 낸 거예요."

"그래서 아르키메데스는 왕관이 순금인지 아닌지 밝힐 수 있었나요?"

태근이가 질문을 했다. 아마 아르키메데스의 왕관 사건에 대해서 처음 듣는 모양이었다.

"그럼요. 실제로 왕관을 넣었을 때, 같은 무게의 금을 넣었을 때보다 넘치는 물이 더 많았기 때문에, 왕관이 순금이 아니라는 것을 밝힐 수 있었어요. 이것이 가설과 검증, 새로운 사실 발견이라는 과학적 탐구 학습이에요."

나는 아르키메데스가 목욕탕에서 외쳤다는 말이 갑자기 생각났다.

"유레카!"

나도 모르게 큰 소리로 외치고 주위를 둘러보니, 반 아이들이 생뚱맞다는 듯이 나를 쳐다보고 있었다.

"호호호, 계동이가 방금 외친 말이 바로 아르키메데스가 순금을 측정하는 방법을 알아내고 외친 말이에요. 아까 희진이가 말한 것처럼 아르키메데스는 목욕을 하다가 그 사실을 알아냈어요. 그래서 너무 기쁜 나머지 벌거벗은 채로 거리로 뛰쳐나가서 '유레카, 유레카!' 라고 외쳤다고 해요. 유레카는 '알아냈다' 는 뜻의 그리스 말이에요."

목욕을 하다 말고 벌거벗은 채로 거리로 뛰쳐나가서 외쳤다는 말에 아이들은 깔깔깔 웃음을 터뜨렸다.

"여러분도 열심히 무언가를 생각하다 보면 갑자기 어느 순간 답이 떠오를 거예요. 그런 생각의 힘을 키우려면 많이 경험하고 생각하는 습관을 들여야 하겠죠? 책도 물론 가까이 해야 하고요."

선생님의 마무리는 항상 이렇다. 생각해라, 많이 경험해라, 책을 사랑해라. 어떤 과목의 어떤 얘기를 해도 결론은 항상 똑같았다. 심지어 체육 시간에 훌라후프를 돌리고 나서도 마무리는 항상 생각하고 많이 경험하고 책을 사랑해라였다! 정말 신기한 능력이다.

② '안다는 것'을 알다

학교가 끝나고 우리는 내 방에 다시 모였다. 어제 아빠가 내 준 문제를 생각해 보기로 한 것이다. 마치 형사계 강력반이라도 된 기분이었다. 책상에 둘러앉아 문제 하나를 골똘히 풀어내는 모습이 스스로도 대견했다. 연쇄 방화 사건이나 밀수단 검거같은 대단한 사건 해결은 아니지만 말이다.

"그런데 안다는 게 뭘까?"

민수가 먼저 입을 떼었다.

"아는 게 아는 거지, 뭐. 그냥 아는 거."

태근이가 시시하게 대답했다. 그래, 아는 게 아는 거지. 거기에 특별한 대답이 있을 것 같지 않았다.

"어떻게 알게 되는지 먼저 생각해 보는 게 필요할 것 같아. 무엇을 안다고 할 때 어떻게 알게 되느냐 그거."

소동이가 말했다. 동생이지만 나보다 똑똑한 소리를 잘한다. 곤란한 상황에서 묘안을 내는 것은 항상 소동이다. 귀신 퇴치법처럼 가끔 더 곤란한 결과를 만들기도 하지만 말이다.

"눈으로 보고, 냄새를 맡고, 귀로 듣고, 피부로 느끼고, 맛을 보고, 이렇게 하는 것이 아는 것 아닐까? 우리 몸의 감각들을 이용해서 아는 거 말이야. 감각이 없다면 아무 것도 알 수 없을 것 같아."

과학에 관심이 많은 민수가 과학적인 대답을 했다. 듣고 보니 그럴 듯했다. 우리가 고개를 끄덕거리자 민수는 계속 말을 이어갔다.

"내가 개똥이와 소똥이를 구별해서 아는 것도 그렇거든. 모습을 보고 너희들을 알아보지만 똑같이 생긴 둘을 구별하려면 냄새를 맡아 보면 돼. 개똥 냄샌지 소똥 냄샌지, 크크."

"너는 항상 시작은 좋은데, 결론이 삐딱하단 말이야. 하여튼 못 말려."

나는 민수의 말에 약간 발끈했다.

"민수 말이 맞는 것 같아. 무얼 안다는 것은 우리 몸의 감각을 통한 것이니까. 그런데 그것만으론 다 알 수 없지 않을까? 남의 생각이나 책을 이해하는 것도 그렇고, 감정을 느끼는 것도 그렇고, 감각만으로 알 수 있는 게 아니잖아."

소동이의 표정이 자못 심각하다. 이러다가 아빠처럼 철학자가 되겠다고 할지 모르겠다. 아빠가 무진장 좋아하시겠지.

"그런 건 생각해서 아는 것 아닐까? 왜 선생님이 매일 녹음기처럼 말씀하시잖아. 생각하면 알 수 있다, 많이 경험하고 많이 생각해라, 그거 말이야."

태근이가 고개를 갸웃거리시는 선생님의 특이한 몸짓과 말투까지 흉내 내며 말했다.

우리는 까르르 웃으며 선생님 성대모사를 들었다. 태근이가 이어서 말했다.

"생각하는 힘을 키우려면 미루어 헤아릴 줄 알아야 해요. 여러분이 슬프면 울고 기쁘면 웃는 것을 미루어 보아 외국 아이들도 그렇다는 것을 아는 것처럼 말이죠. 알겠어요?"

얼마 전 국어 시간에 배운 내용이었다. 상대방의 말을 듣고 의도

나 목적을 파악한다는 거였는데, 하여간 태근이 녀석 말하는 게 선생님하고 똑같았다.

"야, 그런데 민수 너, 오줌 마렵냐?"

태근이가 갑자기 물었다.

"그걸 어떻게 알아?"

소동이와 나는 의아하게 태근이를 쳐다봤다.

"금방 우리가 얘기한 게 그거잖아. 미루어 헤아리다. 민수 좀 봐. 얼굴은 노래지고 몸은 배배 꼬고, 입을 앙다물고는 아까부터 말을 못하고 있잖아. 우리도 오줌을 참을 때 저런 모습이 되지. 민수 너 맞지?"

민수가 굳어진 얼굴을 스르르 펴며 대답했다.

"사실은, 아까부터 방귀가 나오려고 해서…… 참으려고 했는데 방금…… 헤헤헤."

"으악! 으, 독가스다!"

갑자기 민수의 필살기인 독가스 방귀 냄새가 났다. 민수의 방귀 냄새는 유명하다. 한겨울 수업 시간에도 창문을 죄다 열어야 할 정도다. 우리는 문을 열고 방 밖으로 뛰쳐나왔다.

"야, 참으려면 제대로 참아야지! 가스 한 방 맞고 나니 정신이

하나도 없네."

얼굴을 붉히고 미안해 하는 민수에게 투덜대던 중, 나는 갑자기 뭔가가 떠올랐다.

"유레카! 맞아, 그거야! 확실하게 알려면 검증이 필요하다는 거 말이야!"

내가 외치자 아이들은 눈을 동그랗게 떴다.

"그거라니까. 미루어 헤아리는 것은 짐작일 뿐이고 그게 맞는지 틀린지는 검증을 해 봐야 된다 이 말이야. 그래야 정확히 아는 것이 되지 않겠냐? 태근이는 미루어 헤아려서 민수가 오줌을 참는 것이라고 생각했지만, 실제로 민수가 방귀를 뀌고 나니, 그게 방귀를 참았던 것이라는 걸 알게 되었잖아."

내 설명에 아이들은 고개를 끄덕였다.

"여기 아르키메데스 또 한 명 나왔네. 개똥메데스! 방귀 냄새를 맡고 원리를 깨닫다!"

태근이가 놀리자 소동이와 민수도 따라 웃었다.

3 우리는 '안다' 박사

저녁이 되어 아빠가 돌아오셨다. 오늘 얻어 낸 수확에 대해 얼른 자랑하고 싶었던 우리는 밥을 먹자마자 테이블에 둘러앉았다.

"그래, 너희들 생각은 좀 해 봤니?"

"네! 안다는 것은 경험을 통해서라는 것, 그러니까 보고 듣고 맛보고 냄새와 촉감을 통해 알게 된다는 걸 생각했어요."

민수가 씩씩하게 대답했다.

"몸으로 느끼는 것 뿐 아니라 생각으로 알 수 있는 것도 있어요.

내가 이러니까 남도 그럴 것이다. 그런 걸로 아는 거 말이에요."

태근이가 덧붙여 설명하자 소동이가 뒷말을 이었다.

"검증도 필요해요. 생각한 것이 다 맞는 것은 아니니까요. 이건 형의 발견이었어요. 그치, 형?"

소동이의 말에 아까 일이 생각난 아이들이 키득거렸다.

"너희들 대단한데? 그렇게 정확하게 답을 찾으리라곤 예상 못했는데 말이야. 아빠가 얘기하려던 최한기의 이론을 너희들이 다 말해 버렸지 뭐냐. 너희들, 박사가 다 되었구나."

우리는 서로를 쳐다보며 으쓱했다. 머리를 맞대고 생각하니까 어려운 문제도 풀 수 있었다. 수학 시험을 잘 봤을 때처럼 가슴이 뿌듯해져서 괜히 목에 힘이 들어갔다.

"안다고 할 때 우리는 경험을 빼고 생각할 수 없지. 눈은 세상을 받아들이는 창이라는 말이 있듯이 눈, 귀, 코, 입, 피부 이렇게 오감을 거쳐야만 알 수 있단다. 이걸 경험이라고 말해도 될 거야. 아는 것의 첫 단계는 바로 경험이란다."

우리가 생각했던 내용을 아빠가 자세히 설명해 주니까 이해하기가 더 쉬웠다.

"아는 것의 첫 단계가 경험이라면, 다음은 생각하는 것, 그리고 그 다음 단계는 검증이 되는 건가요?"

소동이의 질문에 아빠는 탄성을 질렀다.

"이야, 우리 소동이, 언제 그렇게 똑똑해진 거냐? 놀라운데. 내가 말하려던 것이 바로 그거야. 앎에는 단계가 있다는 것 말이야."

소동이의 등을 토닥여 주신 아빠는 계속 설명을 하셨다.

"경험이 많으면 아는 것도 많아지지. 그러기 위해서 여행을 많이 다니고 또 책을 많이 읽는 것이 필요하단다. 그런데 이것저것 많이 안다고 다 아는 것은 아니야. 가령 지하철 정류장을 차례로 외운다던지, 또는 만화 채널의 프로그램과 시간을 줄줄 외운다는 건 큰 가치는 없지. 왜냐하면 많이 아는 것보다도 깊이 있게 아는 것이 더 중요하기 때문이야."

"그것도 아는 건 아는 거잖아요. 만화 채널 정보도 얼마나 중요한 건데……."

유선 방송 만화를 모조리 꿰고 있어 걸어 다니는 텔레비전이라고 불리는 민수가 퉁명스럽게 말했다. 아빠가 웃으면서 대답했다.

"그래, 아는 건 아는 거지. 그런데 깊이 있게 안다고 하는 건 좀 다르단다. 너희들 감기에 걸려 봐서 감기가 어떤지 다 알지? 감기 때문에 괴로웠던 경험이 있으니까 말할 수 있을 거야. 하지만 감기에 대해서 정확하고 자세하게 아는 것은 의사이지. 의사는 감기를 일으킨 균이 무엇이고 어떻게 발생하여 전염되는지, 또 어떤 약을 써야 하는지를 안단다. 감기에 대해선 감기를 경험한 환자보다 의사가 더 깊이 있게 아는 거지."

"그럼 생각해서 아는 것이 깊이 있게 아는 것인가요?"

다음 얘기가 궁금했던 내가 얼른 재촉했다.

"그렇지. 깊이 있게 알려고 노력하면 생각해서 아는 힘이 커진단다. 그 힘이 커지면 어렵게 생각되는 원리나 법칙도 발견할 수 있게 돼. 아르키메데스가 어떻게 부력의 원리를 발견했을까? 보이는 것은 목욕통과 물뿐이었는데."

"물이 넘치는 것을 보고 깨달은 거 아니에요?"

소동이의 대답에 아빠가 다시 설명을 이었다.

"맞아, 바로 그거야. 자신이 욕조에 몸을 담그니까 잠긴만큼 물이 넘치고, 그 물의 무게만큼 몸이 가벼워진다는 경험을 바탕으로 생각해서 새로운 사실을 알아낸 것이란다. 이것이 최한기가 말한 앎의 두 번째 단계야. 이것을 추측, 즉 미루어 헤아리는 방법이라고 했단다. 너희들이 추측이라는 말을 '무엇을 짐작하다.' 는 뜻으로 쓰고 있지만, 최한기가 말한 추측은 이같이 미루어 헤아린다는 방법을 뜻하는 말이야."

아빠의 말이 끝나자마자 태근이가 자신 있게 질문했다.

"그럼 그 다음은 검증이겠네요?"

"너희들 혹시 최한기 책을 미리 읽어 온 것 아니냐? 이거 너무 이해가 빠르고, 한번 들은 것을 잘 기억하는데."

아빠가 대견한 듯 우리를 바라보았다.

"너희들의 앎이야말로 세 번째 단계에 이르렀구나. 추측이 맞았다는 검증까지 받았으니까 말이야. 추측은 검증을 거쳐야만 한단다. 그렇지 않으면 틀린 지식을 옳다고 잘못 믿게 될 수도 있지 않겠니? 예를 들어 의사가 환자에게 약을 처방했을 때 환자가 나으면 맞게 진단한 것이고, 낫지 않으면 틀린 처방이 되겠지. 이렇게 검증을 거친 것이야말로 제대로 안다고 하는 것이다."

순간, 나는 태근이와 민수를 쳐다봤다. 녀석들도 나와 똑같은 생각을 하는 것 같았다. 우리는 입을 모아 큰 소리로 외쳤다.

"탐구 학습!"

무슨 소리냐는 듯 아빠와 소동이가 의아하게 봤다.

"아, 그거 오늘 과학 시간에 배웠는데요, 가설을 세우고 실험을 통해 검증을 해야 새로운 사실로 인정받는다고 했어요. 그리고 그

것이 탐구 학습이라고 선생님께서 알려 주셨어요. 아저씨가 지금 얘기해 주시는 최한기가 한 말과 똑같아요."

촐랑촐랑 태근이가 얼른 대답해 버렸다.

"오호, 그렇지, 그렇지. 최한기가 한 말이 바로 그 말이란다. 과학적인 검증을 통해서 사실을 받아들이는 것 말이야. 당시에는 자연에 대한 두려움이 커서 미신이나 무속에 깊이 빠져 있었거든. 원혼이니 신령의 분노니 하는 것 때문에 온갖 무속 풍습이 사람들을 지나치게 옭아맸단다."

"무속이라는 것은 무당이 굿하는 것을 말하는 것인가요? 아휴, 맞아요. 그건 진짜 헛일이에요."

귀신을 믿지 않는 민수가 고개를 절레절레 흔들면서 말했다.

"그래, 무당이 굿하고, 또 성황당에서 빌고, 부적 같은 것을 몸에 지니는 것이 무속이란다. 최한기는 그런 미신에서 벗어나서 세상을 과학적이고 합리적으로 이해하자고 주장했어. 그래야 나라가 발전한다고 생각했던 것이지."

과학자도 아니었는데 '과학적'을 왜 자꾸 강조할까 의문이었는데 이제야 알겠다. 세상이 물질로 이루어졌다는 주장이나, 안다는 것에도 세 단계가 있다는 주장이나, 모두 최한기가 나라의 발전을 위해서 한 말인 것이다. 사람들이 몰라서 잘못하고 있는 일들을 바로잡고, 백성들이 잘살게 되길 바랐던 것이 최한기의 진정한 뜻이었나 보다.

에잇, 그때 정치하는 사람들이 이 말을 들었으면 좋았잖아. 속상한 마음이 울컥 올라왔다. 아무래도 난 애국자인가 봐.

"자, 어쨌거나 너희들의 훌륭한 과제 해결 능력에 놀랐다. 그런데 말이지……. 이렇게 깊이 있는 생각을 해낼 수 있으면서 왜 시험 점수는 그럴까? 껄껄껄"

"헉, 아빠! 그건 인권침해에다가 개인 정보 누설이에요!"

소동이와 내가 흥분해서 외쳤다.

"하하, 장난이야. 너희들이 하도 대견하고 기특해서 장난 좀 쳤다. 음, 그리고 말이야, 임무 완수를 축하하며 무언가 선물을 주고 싶은데……."

아빠의 말이 끝나기도 전에 우리가 소리쳤다.

"스페이스 랜드 가요."

스페이스 랜드는 길 건너에 새로 문을 연 피시방이었다. 최신형 컴퓨터 기종에 피시방 안은 우주처럼 꾸며져 있고, 앉는 의자마다 우주선의 조종석처럼 근사한 장식이 붙어 있어서 실제로 우주 조종사가 된 것 같이 느껴졌다. 그런데 부모님의 허락을 받기가 쉽지 않아 딱 한 번밖에 못 가 봤다. 다른 애들도 마찬가지였다.

"그래, 좋다! 아빠가 약속한 거니까 꼭 지키마. 내일 수업 후에 같이 한 판 붙는 거 어떠니, 좋지?"

"네!"

아빠도 참, 게임 방법도 제대로 몰라서 자꾸 물어보시면서 큰소리치시기는. 어쨌거나 벌써부터 우리는 들떠서 피시방 얘기에 열을 올렸다.

어떤 학자들은 아는 것에 대하여 타고나는 것이라고 생각합니다. 가령 어버이를 사랑할 줄 알고, 옳고 그름을 아는 것 등이 그것입니다. 정말로 그럴까요?

그러나 최한기는 다음과 같이 말하였습니다.

"어린아이 때부터 어른이 되기까지 내가 알게 된 것과 생각하는 능력은 모두 내 스스로 얻은 것이지 타고나는 것이 아니다."

"경험이 없으면 한갓 마음만 있을 뿐이니 경험이 있어야만 마음이 지식을 갖게 된다. 경험이 적은 사람은 아는 것도 적고, 경험이 많은 사람은 아는 것도 많다. 배고프거나 추운 것도 실제로 경험을 해야 알 수 있는 것이다. 만약 경험한 것을 가지고 지식으로 삼지 않고 타고난 마음 같은 데서 찾고자 한다면 마음만 괴롭히게 된다."

"어버이를 사랑하고 형을 공경하는 것은 참으로 여러 해 동안 보고 듣고 추측하여 나온 것이다. 사랑과 공경이 날 때부터 아는 것이라고 하는 자들은 다만 보고 들은 것에 의한 경험 이후를 들어서 말하지만, 경험 이전의 사실은 아니다."

이렇듯 최한기는 아는 것이 경험에서 출발한다고 봅니다. 경험이란 우리의 감각기관인 눈, 코, 입, 귀, 피부 등을 통하여 사물의 모습이나 소리 등을 마음에 기억하는 것입니다. 이런 감각기관을 통해 경험해서 아는 것을 그는

'형질통(形質通)'이라 불렀습니다. 그러나 이런 감각을 통한 지식이 많다고 해서 깊이 있게 안다고 생각하지는 않았습니다. 사물의 원리나 법칙을 아는 단계에 올라가야 한다는 것입니다. 사물의 원리나 법칙은 감각기관을 통해 직접 아는 것이 아닙니다. 그것은 경험한 것에 대하여 깊이 있게 생각해서 발견하거나 이론을 가지고 설명하는 것입니다. 이렇게 생각을 통하여 아는 것을 그는 '추측통(推測通)'이라 했고, 알아 가는 과정을 '추측' 곧 '미루어 헤아린다.'로 표현하였습니다. 그런데 확실하게 알려면, 자신이 법칙이나 원리라고 생각하는 것을 검증해 보아야 합니다. 그는 검증을 '증험(證驗)' 곧 '증명을 통한 체험'이라고 불렀습니다.

　이렇게 알아 가는 과정은 우리가 과학 시간에 공부하는 '탐구 학습'의 형태와 유사합니다. 즉 관찰-가설 설정-검증(실험)을 통하여 과학적 원리나 법칙을 파악하는 것 말입니다. 이와 같이 알게 된 지식이 확실한 것이며, 이 또한 최한기는 발전해 가는 역사의 흐름에 따라 점차 더 많이 더 정확하게 알게 될 것이라 전망했습니다.

우리 반에 도둑이?

자신의 덕량을 넓히지 못하는 데에는 세 가지 병이 있다.
하나는 편벽됨이요, 그 둘은 스스로 뽐냄이며,
그 셋은 남에게 이기기 좋아함이다.
－최한기－

도둑이라니!

거기다 친구들은 서로를 의심하기 시작한다. 인간은 원래 선한 것일까, 아니면 원래 악한 것일까? 친구의 물건을 훔치는 것을 보면……. 인간은 원래 악한것이 아닐까? 민지의 머리핀을 둘러싼 아이들의 신경전은 심해져 가는데……. 도둑은 정말 우리 중에…….

① 반장을 새로 뽑다

　우리 반엔 삼공주파가 있다. 민지와 소연이, 그리고 지원이 얘들은 준비물을 빠뜨리고 온 날에도 거울만큼은 꼭 챙겨 오는 못 말리는 공주들이다. 여자 연예인 누가 입었던 옷이 너무 예뻤다는 둥, 새로 산 구두가 잘 어울린다는 둥, 얘들의 대화는 늘 꾸미는 것에서 시작해 꾸미는 것으로 끝난다.

　머리는 셋 다 허리까지 길고 양 갈래로 묶었다가, 높이 추켜올렸다가, 스타의 유행하는 머리 모양을 따라 했다가, 암튼 얘들은 머리 모양만 봐도 평범하지 않다. 나는 삼공주 파와 같은 반이 되기 전에는 머리에 사용할 수 있는 액세서리가 그렇게 많은 줄 몰랐다. 아마 애들이 머리를 짧게 자르는 일이 있다면-그건 애들이 시험에서 백점을 받는 것보다 어려운 일이겠지만!-머리핀 만드는 공장이 엄청난 타격을 받을 것이다.

소동이는 그런 민지가 왜 좋을까? 머릿속에 온통 어떻게 하면 예쁘게 보일까 하는 생각뿐인 애를 말이야. 소동이 녀석은 아빠를 닮아서 '깊이 있게 생각하는' 걸 좋아하는데, 그런 면에서 민지는 소동이와 어울리지 않는다. 조금 예쁘게 생긴 건 사실이지만 말이다.

그렇지만 예쁘기만 하면 단가? 머리가 똑똑해야지. 엄마가 말씀하시기를, '남자는 지혜로운 아내를 얻어야 행복해진다.'고 하셨다. 그러니까 여자를 볼 땐 머리카락이 아니라, 머리를 봐야 한다.

희진이는 그런 면에서 딱 내 스타일이다. 우리 반에서 제일 성적이 좋고, 수업 시간에도 똑 부러지는 대답만 하는 희진이. 진짜 여자 보는 눈은 내가 더 나은 것 같다.

그런데 우리 반 남자 애들은 모두 잘난 척하는 삼공주 파에게 빠져 있다. 심지어 태근이와 민수까지도 말이다. 삼공주 파에서 또 한 파가 나뉘어져서 민지 파, 소연이 파, 지원이 파로 각각이다.

나는 원래 파 같은 것은 질색이다. 먹는 파도 싫어한다. 먹을 때 입에서 미끈 씹히는 그 느낌이 너무 싫어서 북엇국에 둥둥 떠 있는 파도 작은 것 하나 없이 골라 건져 놓는다. 그런데 무슨 파를 만들고 난리인지 모르겠다.

오늘은 유난히 민지 파에 애들이 많이 몰렸다. 새로 꽂고 온 머리핀이 잘 어울린다고 누가 그러자, 잘난 척하는 표정으로 눈을 깔고 말한다.

"응, 이거? 우리 엄마가 만들어 주신 거야. 요즘 비즈 공예를 배우시는데 처음 만든 작. 품.이래. 예쁘지?"

민지는 작품이란 말에 유난히 힘을 주었다. 머리를 매일 아침 공들여 치장해 주시는 걸 보면 민지 엄마도 대단하시다. 그러니까 머리핀도 다 만들어 주시는 거겠지.

그때 수업 시작종이 울렸다.

"오늘은 반장을 새로 선출하도록 하겠어요. 남은 학기 동안 친구들의 의견을 모아서 우리 반을 잘 화합시킬 수 있는 사람을 뽑도록 해요."

아참, 그렇지! 오늘은 투표가 있는 날이다. 반장을 맡고 있던 영

민이가 전학 가면서 반장 자리가 비게 되었기 때문이다.

"여러분의 뜻과 판단에 따라 잘 할 수 있을 친구를 먼저 추천해 볼까요."

선생님의 말에 친구들이 서로 눈치를 살폈다. 인기는 삼공주 파 가운데 민지가 유리했지만, 반장으로 적임자는 아니었다. 그런데 누군가 번쩍 손을 들고 민지를 추천했다. 허참! 반장은 인기투표가 아니다. 책임감 있게 반장 역할을 잘 할 사람이 필요한 건데 아무래도 민지는 어울리지 않는다. 희진이라면 또 모르지…….

아무도 다른 후보를 추천하지 않자 선생님이 말씀하셨다.

"후보 추천에 여러분이 너무 소극적인 걸 보니 갑자기 이 말이 생각나는군요.

'복수나 원한은 한 개인의 사사로운 문제이고, 어진 인재를 추천하는 것은 한 나라를 위한 것이다. 어찌 한 개인의 사사로운 미움 때문에 국가의 큰일을 그르쳐서야 되겠는가?'"

선생님이 텔레비전 사극에 나오는 대감처럼 말했다.

"선생님, 지당하신 말씀이옵니다. 소인들이 미처 알지 못하고 심려케 해 드렸나이다."

태근이가 선생님의 말투를 흉내 내서 대답하자 아이들과 선생님은 한바탕 웃음을 터뜨렸다.

"조선 시대 선비처럼 보였나요? 호호호. 사실 선생님이 한 말은 조선 시대 학자인 최한기가 쓴 책에 나온 말이에요. 최한기는 나라를 위한 일이 어떤 것인지 항상 고민하는 학자였어요. 그래서 나라를 중요하게 생각하는 사람은 자신의 개인적인 감정에 연연하지 않는다는 뜻에서 한 말이에요. 여러분에겐 원수 같은 건 없겠지만 후보를 추천할 때 감정으로만 판단하지 말라는 얘기를 하고 싶어요."

선생님의 말이 끝나자 소연이가 손을 들었다.

"전, 희진이를 추천합니다."

뜻밖이었다. 자기를 추천한다면 모를까, 소연이는 자기가 제일 잘난 줄 아는 아이인데 의외였다. 선생님 말씀에 너무 감동해서 그런가? 사실 나는 희진이를 추천하고 싶었지만, 괜히 희진이를 좋아하는 거 아니냐고 친구들에게 놀림 받을까 봐 손도 못 들었다. 그런데 소연이가 대신 추천을 해 줘서 얼마나 다행인지……. 소연이가 너무 고마웠다.

뒤이어 세 명의 아이들이 더 후보가 되었지만 나의 관심은 희진이가 반장이 되느냐 하는 것에만 있었다. 희진이가 이 기회에 친구들과 사이좋게 어울리게 되면 좋겠다. 희진이는 교실에서도 주로 혼자 있는 시간이 많고, 수업이 끝난 후에도 곧장 집으로 가 버리기 때문에 아이들과 친하게 지내지 못했다.

선생님이 후보들을 칠판에 적으면서 말씀하셨다.

"바로 이 자리에서 투표하지 않으려고 해요. 여러분이 후보에 대해 더 생각해 보고 어떤 친구가 반장 일을 잘 할 수 있을지 시간을 가지고 생각해 보면 좋겠어요. 대통령 선거도 후보가 정해진 후 일정한 시간을 준 뒤 결정하잖아요?"

그래서 우리는 투표 날짜를 3일 뒤로 정했다.

"참, 이 말은 꼭 해 주어야겠다고 적어 온 것이 있는데……."

선생님이 책 사이에서 메모지 한 장을 꺼내며 말씀하셨다.

"이것도 최한기가 한 얘기예요. 잘 들어 봐요. '임금이 벼슬을 주어 사람을 쓰는 것의 잘잘못은 백성의 소리를 들어 보면 자연히 숨길 수 없다. 임금 스스로 잘했다고 하더라도 백성이 모두 잘못했다고 하면 그것은 잘못한 것이다. 잘잘못은 백성들에 의하며 결정되는 것이지, 임금 스스로 판단할 문제가 아니다.'"

선생님은 또 말을 이었다.

"그리고 한 부분 더, '뽑힌 자들은 어디까지나 백성들이 원하는 것에 따라 해야지 그들이 원하는 것을 어기고 마음대로 처리해서는 안 된다. 이것은 백성을 이롭게 하고 편안하게 하기 위하여 관리를 둔 것이지, 그들의 부귀와 향락을 위해서가 아니다.'"

말이 좀 어렵게 들렸다. 백성, 임금, 뭐 이런 얘기가 나오니까 조선 시대 같은데, 지금하고 무슨 상관인가 싶었다.

"어려운 말 같지만 한마디로 말하자면 '민주주의' 예요. 백 년도 더 전에 최한기는 민주주의에 대해 얘기했어요. 며칠 있다가 선출될 반장이 누가 될지 모르겠지만 잘 들어 두면 좋겠어요. 여러분 모두도 마찬가지고요. 세상은 세상을 구성하는 모든 사람들이 주인이지, 대표 한 사람이 주인인 것은 아니에요. 대표가 자기 마음대로 모든 것을 휘두르면 안 돼요. 각자 한 사람마다 자신의 의견을 내고, 서로 다른 의견들을 대화로 맞추어 가면서 사회를 이끌어 가야 해요. 그러기 위해서는 생각하는 힘을 키워야 하겠죠? 생각이 커야 올바른 의견도 내는 거니까요. 그렇죠?"

역시 선생님의 끝마무리는 생각, 생각이었다.

"야, 너는 누구 찍을래?"

쉬는 시간이 시작되자마자 태근이가 달려와서 물었다. 민수도 잽싸게 옆으로 오더니 실실 웃으며 말했다.

"태근이 너는 당연히 민지 아니야? 너 민지 좋아하잖아. 왜, 우리한테 선거 유세라도 하려고 그러는 거야?"

민수는 내심 자기가 좋아하는 소연이가 후보로 오르지 않은 섭섭함을 태근이에게 푸는 것 같았다.

"아무렴, 예쁜 애가 반장하면 더 좋지 뭘. 보기만 해도 기분이…… 흐흐흐"

태근이 녀석, 속을 너무 드러내는 걸. 제발 소동이와 삼각관계니 어쩌니 하지나 않았으면 좋겠다. 소동이와 같은 반이 아니라서 정말 다행이다. 내 동생이 태근이의 이런 모습을 보면 사태가 꽤나 심각해질 테니까 말이다.

"너 아까 선생님 얘기도 못 들었어? 사사로운 감정으로 대표를 뽑지 말라고 하셨잖아. 감정에 빠져서 큰일을 그르쳐서야 되겠니? 진짜 반장 일을 잘 할 수 있는 사람을 뽑아야지."

나는 진짜 반장다운 사람은 희진이라는 말까지 할 뻔했지만 얼른 삼켰다. 애들과 같은 수준이 되어서 누굴 좋아하느니 하는 괜한 놀림은 받기 싫다.

"그러니까 소연이가 제일 낫다는 거 아니냐. 왜 희진이하고 걔네들 별로 사이 안 좋잖아. 그렇지만 진정 반을 위해서 감정을 버리고 희진이를 추천하는 그 마음씨를 봐. 소연이야 말로 정말 반장감이지 않니?"

　민수가 내 말을 받아 과장된 말투로 소연이를 추켜세웠다. 그래, 역시 남자를 움직이는 것은 여자라는 말이 딱 맞는 것 같다.

② 성선설 vs 성악설

2교시 시작종이 울렸다. 태근이와 민수는 쉬는 시간 내내 소연이가 낫니, 민지가 낫니 하는 논쟁을 벌이다가 급히 제자리로 뛰어갔다.

"자, 이 시간에는 맹자와 순자에 대해 공부하겠어요. 여러분, 맹자, 순자 이름은 들어 봤나요?"

"우리 집 강아지 이름이 맹자예요! 엄마가 오라고 하면 안 오고 오지 말라는 남한테는 얼른 가고, 그래서 우리 엄마가 맹하다고 맹자라고 붙였어요."

민수가 자기 집 강아지 얘기를 했다. 나도 알지만 그 강아지는 어지간히도 맹하다. 오죽하면 맹자라는 자기 이름도 모른다. '맹자야, 맹자야' 아무리 불러도 쳐다보지도 않는다.

민수의 말에 아이들이 깔깔거렸다. 그때 누군가가 큰 소리로 말했다.

"순자는 우리 이모 이름인데. 우리 엄마는 성자고요."

아이들의 웃음소리가 더 커졌다. 여기저기서 우리 할머니가, 우리 고모가 순자라고 외치는가 하면 어떤 아이는 옛날 대통령 부인 이름이라고 아는 체를 하기도 했다.

웃음을 잠재우며 선생님이 말했다.

"그래, 예전에는 '자'가 들어간 이름을 많이 썼어요. 그건 일본이 우리나라를 식민지로 만들면서 일본식 이름을 쓰라고 강요했기 때문이었어요. 독립이 되어서도 그 영향이 남아서 그런 이름들을 많이 지었는데, 아마 여러분 나이 또래에는 거의 없을 거예요."

선생님 말을 들으니 이름이 우습다고 놀릴 일 만은 아닌 것 같다는 생각이 들었다. 우리나라가 다른 나라에게 서러움을 당했던 흔적이니까 말이다.

"'자' 라는 호칭은 사실 그 사람을 매우 존경해서 붙여 주는 거예요. 중국의 학자들 이름이 모두 '자' 로 끝나잖아요. 공자, 맹자, 순자, 노자, 모두 깊이 있는 공부를 한 사람들이라 학파를 대표한다는 뜻에서 성에다 자를 붙여 불렀어요."

그러고 보니 맹한 강아지에게 자기 이름이 붙여진 맹자는 억울할 것 같았다. 하필 '맹하다' 는 우리말이 있어서 놀림을 받으니 말이다.

"여러분, 혹시 성선설, 성악설이라는 말을 들어 봤어요?"

성선설, 성악설이라면 언젠가 아빠의 책상 위에 있던 책에서 보았던 것 같다. 사람은 본래부터 착하다 또는 본래부터 악하다는 내용이었다. 나는 희진이보다 먼저 얼른 손을 들고 대답해 버렸다.

"착하고 나쁜 것이 본래 정해져 있다는 것 아니에요? 맹자는 성선설을, 순자는 성악설을 주장했다고 들었어요."

"계동이가 잘 대답해 주었네. 맞아요, 사람이 본래 착하다 혹은 악하다고 하는 것이 성선설, 성악설이에요. 맹자는 사람은 원래 태어날 때부터 착하다고 했어요. 그래서 맹자가 성선설을 주장했다고 하죠. 만약 어린아이가 턱이 낮은 우물에 빠질 위험에 처했다면 여러분은 어떻게 하겠어요?"

"당장 붙잡아서 빠지지 않게 해요!"

"119에 전화해요!"

"사람들에게 도와 달라고 소리쳐요!"

아이들은 우물에 빠질 것처럼 위태위태한 아이가 앞에 있기라도 한 것처럼 흥분해서 떠들었다.

"그 옆을 지나가는 사람이 있었다면 그 광경을 보고 깜짝 놀라서 아이가 빠지지 않도록 도와주겠죠? 여러분의 마음이 모두 그렇듯이 말이에요. 물론 아이의 부모에게 무엇을 바라거나, 아니면 사람들에게 칭찬을 듣기 위해서 그렇게 하지는 않을 거예요. 그런 생각을 할 시간도 없이 몸이 먼저 움직여서 아이를 구할 테니 말이죠. 저절로 착한 마음이 우러나는 것, 맹자는 그것을 보고 사람의 성품은 본래 착하다는 주장을 했어요."

선생님 말을 들은 민수가 궁시렁거렸다.

"에이, 사람이 원래 착하기만 한 건 아닐걸요. 저번에 제가 평행봉 위에서 넘어지려고 하는 순간, 옆에 있던 형이 밀어서 진짜 떨어졌단 말이에요. 원래 착하다면 붙잡아 줬어야 하는 거 아니에요?"

민수의 체험담에 아이들이 고개를 끄덕였다. 사실 나도 그런 경험이 많다. 가만히 있는데 애들이 싸움도 걸고, 때리기도 하고, 심지어는 물건을 빼앗아 간 적도 있었다. 원래부터 사람의 성품이 착하다면 그러지 않았을 텐데, 라는 생각이 들었다.

"그래요. 사람들의 행동을 보면 본래 악한 것이 아닐까라는 생각을 하게 되는 일도 많아요. 그래서 순자는 맹자와 달리 성악설을 주장했어요. 남보다 많이 가지려고 하고, 남을 모함하거나 해치기도 하고, 남보다 더 잘살기 위해 경쟁하고 싸우는 것이 사람들이 사는 사회라고 본 거죠. 그래서 사람이 본래 착한 것이 아니고, 노력에 의해서 착하게 되는 것이라고 했어요. 태어날 때는 악하게 태어난다고 했죠. 그게 순자의 성악설이에요. 맹자하고는 완전히 반대의 생각이죠?"

아이들은 선생님의 설명에 고개를 갸웃거렸다. 그렇다면 사람은 원래 착한 건가 아니면 원래 나쁜 건가. 답이 있는 문제 같지 않았다. 둘 다 틀릴 수도 있고, 둘 다 맞을 수도 있을 것 같았다. 내 경우만 봐도, 어떤 때는 착한 것 같다가 어떤 때는 나쁜 것같이 느껴질 때도 있다. 언젠가 엄마에게 대들면서 방문을 걷어찬 적도 있었다. 그런 것을 보면, 내가 태어 날 때부터 속에 나쁜 마음을 담고 있었던 것이 아닐까 하는 생각이 든다. 물론 그런 일이 자주 있지는 않다. 보통 땐 대부분 예의 바르게 행동한다. 내 자랑 같지만 나를 아는 어른들은 모두 다 착하다고들 하신다. 못된 마음이 드는 건 아무래도 내 본성은 아닐 거라고 믿고 싶다. 내 본성은 맹자의 말처럼 착한 것이면 좋겠다.

"저는 사람이 본래 착하다는 게 맞는 것 같아요. 바탕이 악하다고 생각하니 너무 실망스러워요. 그리고 어려운 일이 생기면 서로 도와주고, 슬픔을 나누는 게 사람이잖아요. 우리 집 맹자도 맹하긴 해도 얼마나 착한데요. 발로 걸어차도 안 물어요."

"야, 개하고 사람하고 똑같니?"

태근이가 민수를 놀리자 아이들이 키득거렸다.

"아, 맞다. 선생님, 개에게도 본성이 있을까요?"

다시 태근이가 문득 생각난 듯 물었다.

"글쎄. 개도 성격은 있겠지. 그렇지만 본성이 악하다거나 착하다거나 하긴 어려울 것 같은데. 사람은 문명과 문화가 발달해서 정신적인 면을 더 중요하게 생각하지만 개나 다른 동물들은 본능에 따라 행동하니까 말이야. 어쨌든 공부하고 있던 내용에서 무언가 질문을 만들고 자기 생각을 가져 본다는 건 훌륭한 태도야. 깊이 생각을 할 줄 알아야……."

역시나 '생각하라'는 것으로 선생님의 말씀이 마무리됐다. 이어서 공책에 사람의 본성에 대한 자기 의견을 써 보는 것으로 수업을 마쳤다.

③ 도둑이다!

　수업이 끝난 뒤에도 아이들은 성선설이 맞다 성악설이 맞다 하면서 옥신각신 토론을 했다. 태근이는 자신의 착해 보이는 얼굴을 보라며 자기 바탕은 선함 그 자체라고 우겼다. 작년에 반에서 뽑은 선행상을 타기도 했다고 목에 힘을 줬다. 태근이가 선한지는 모르겠지만, 우기기 잘 하는 건 확실하다. 태근이가 한 번 주장하는 건 거기서 얘기를 끝내야 한다는 게 겪어 본 우리들의 결론이다. 틀린 것이 확실해도 태근이가 맞다고 우기면 맞는 게 된다. 태근이가 한번 우기면 도저히 꺾을 수가 없다.

그러고 보니 궁금한 게 생겼다. 검증을 거친 것이 정확한 앎이라고 배웠는데 검증 자체가 틀리면 어떻게 되는 걸까? 태근이처럼 잘못된 지식을 옳다고 믿는다면 진짜 아는 것이라고 할 수 있을까? 전에 그런 일이 있었다. 송충이의 다리가 몇 개인지 언쟁을 벌였는데 태근이는 열여섯 개라고 했다. 자신이 직접 잡아서 세어 보아서 안다고 주장했던 것이다. 그런데 나중에 책에서 찾아보니 태근이의 주장은 틀린 것이었다. 송충이는 다리가 있는 것이 아니라 배로 기어 다니고 다리처럼 보이는 것은 털이었다. 태근이는 털을 세어 놓고 다리를 센 것이라며, 송충이의 다리가 열여섯 개라고 우긴 것이다. 어쨌거나 직접 세어 보는 검증을 거쳤지만 태근이가 알고 있는 사실은 잘못된 것이었다.

그런데 우리 주변에는 그런 일이 흔하게 일어나지 않을까? 게다가 예전에는 옳다고 믿었던 것들이 과학이 더 발달하면서 틀린 것으로 밝혀지는 일도 많다. 검증의 방법이 정말 확실하다는 것도 분명치 않다. 그렇다면 완전하게 안다는 것은 불가능한 것이 아닐까 하는 생각이 들었다. 갑자기 머리가 복잡해졌다. 저녁에 아빠에게 다시 물어봐야겠다.

생각에 잠깐 빠져 있는데 갑자기 큰 소리가 들렸다.

"아이, 난 몰라. 분명히 여기 뒀었는데 내 머리핀이 어디로 간 거야?"

민지의 목소리였다. 민지 파 아이들이 몰려들었다.

"어, 아까 그 머리핀? 네 머리에 꽂혀 있던 게 없어졌어? 설마 머리핀이 발이 생겨 혼자 도망치진 않았을 거 아냐?"

눈치 없는 민수의 얘기에 민지가 눈을 흘기며 말했다.

"그럼 지금 내가 거짓말을 하고 있단 거야? 머리카락이 너무 당겨서 아까 빼놓았단 말이야. 분명히 서랍 속에 넣어 두었는데, 아이참, 속상해."

"서랍 속에 있던 게 없어진 거면, 누가 훔쳐 간 게 아닐까? 그 머리핀 되게 예뻤잖아."

누군가의 의견에 아이들이 웅성거렸다. 도둑이라니! 아직까지 우리 반에서 한번도 물건이 없어진 적이 없었는데, 이런 일이 왜 생겼는지 모두들 속상한 표정이었다.

"아무리 찾아도 없어. 그래, 누가 훔쳐 간 것 같아. 그렇지 않고서야 금방 여기에 두었던 게 어떻게 사라질 수 있어. 아이, 어떡하지? 엄마가 첫 작품으로 만들어 준 건데."

민지는 울음을 터뜨릴 것만 같았다. 내 생각으로 민지의 머리핀은 365개는 넘을 것 같은데, 그렇게 많은 머리핀 중에도 그 하나는 귀했나 보다. 이젠 눈물까지 뚝뚝 떨어뜨린다.

"그러니까 사람 본성은 악하다는 거야. 인간은 남보다 많은 것을 가지려고 하고 남보다 좋은 것을 가지려고 해. 그렇지 않냐? 누군지 마음 바탕이 의심스러워."

태근이가 수업 시간에 주워들은 말로 떠들었다. 아까는 자신의 바탕이 선함 그 자체라고 성선설을 외치던 녀석이 금세 입장을 바꾸었다. 민지 일이라니까 자기 일처럼 여겨지는 모양이다.

그때 선생님이 들어오셨다.

"선생님, 민지 머리핀이 없어졌어요! 우리 반에 도둑이 있나 봐요."

아이들이 호들갑을 떨며 일렀다.

"머리핀? 그런 건 잘 가지고 있었어야지. 잃어버린 건 잃어버린 사람에게도 책임이 있는 거야."

"엄마가 손으로 만들어 준 거라서 꼭 찾아야 한대요."

민지의 대변인이라도 되는 양 태근이가 수선스럽게 나섰다.

"분명히 훔쳐 간 게 맞아. 누가 그런 나쁜 짓을 했을까? 아마 그

애는 본래부터 나쁜 마음이 있었을 거야."

혼잣말처럼 소연이가 중얼거리자 아이들이 모두 웅성댔다. 마치 누군가 한 명, 우리 가운데 도둑이 숨어 있다는 듯이 확실하지도 않은 도둑을 비난하기 시작했다. 모두 같이 공부하는 한반 친구인데, 이 중 누가 그랬을까 하는 의심이 생겼다.

"자, 자, 그만! 그런 건 섣불리 판단하면 안 돼요."

아이들을 조용히 시키면서 선생님이 칠판에 무언가를 썼다. 그것은 성무선악설이란 말이었다. 낯선 그 말에 우리는 서로를 쳐다보며 궁금해 했다.

"어려운 말 같지만 간단한 거란다. 인간의 본성 할 때 '성(性)' 자에, 없을 '무(無)', 착할 '선(善)', 그리고 악할 '악(惡)' 이에요. 이 말을 풀면, 사람의 성품은 착하고 나쁨이 없다는 뜻이에요."

"그럼, 아까 배운 거하고는 아주 다르네요."

민수가 따지듯 선생님께 질문했다.

"그래, 아까의 내용과는 달라요. 중국의 순자와 맹자가 인간이 본래 선하다 악하다 주장을 할 때, 조선의 최한기는 이렇게 생각했어요. '사람들이 선하다 혹은 악하다고 하는데 과연 선하고 악한 것이 무엇인지를 먼저 분석해야 한다.' 고 말이죠. 사람이 살지

않았던 공룡시대에 선과 악이 있었을까요? 없었겠죠? 그래서 최한기는 선함과 악함은 원래부터 어딘가에 있는 것이 아니라, 사람이 먼저 있고 나서, 사람에 의해 판단되는 문제라고 말했지요."

"사람이 판단하는 거라면 다 다를 수 있지 않을까요? 보는 눈이 다르고 생각이 다르니까요."

웬일로 선생님의 설명을 유심히 듣던 민지가 물었다. 자기 일에 관계되어서 그런지 제법 진지했다. 수업 시간에 저런 모습은 처음이었다.

"그렇지. 민지가 좋은 질문을 했어요. 선악은 사람이 판단하는 문제라고 했죠? 그래서 선악의 판단에는 사람의 감정이 들어갈 수 있어요. 여러분도 좋고 나쁜 감정을 표현하죠? 나에게 이익이면 좋은 감정을 드러내고, 불쾌감을 주거나 해로우면 나쁜 감정을 드러내잖아요. 최한기는 선과 악도 마찬가지라고 했어요. 처음에는 좋고 나쁜 감정에서 시작되었는데, 그게 나중에 사회적으로 선하고 악한 것으로 정해져 버렸단 말이죠."

"그러면 좋은 감정이 드는 것이 선이고, 나쁜 감정이 드는 것이 악이라고 정해져 왔단 말인가요?"

태근이가 민지의 뒤를 이어 제법 진지한 질문을 했다.

"바로 그거예요. 예를 들어서 누군가 내 물건을 훔쳐 갔다고 해요. 그러면 바로 감정이 상하겠죠? 그건 나뿐만이 아니라 여기 있는 대부분의 사람이 그럴 거예요. 나아가서 이 사회의 모든 사람들이 똑같은 감정을 느끼겠죠. 그래서 훔치는 것은 악한 행동이라는 사회적 판단이 생긴 거예요."

"맞아요, 훔치는 건 나빠요."

언젠가 동네에서 자전거를 잃어버린 적 있는 민수가 속상함이 떠올랐는지 불쑥 외쳤다.

"그래, 훔치는 건 나빠요. 그런 '나쁘다'는 감정이 도덕적으로 악하다가 되는 거예요. 결국 사람들은 자신에게 유리하면 선이라고 하고, 불리하면 악이라고 한다고 할 수 있죠. 그렇게 되면 절대적인 선악이란 없다고 할 수 있지 않을까요? 무엇이 선이고, 무엇이 악이냐, 하는 것이 역사나 문화에 따라서 달라질 수 있잖아요. 그래서 최한기는 사람의 성품을 본래 선하다 혹은 악하다고 할 수 없다고 말했어요."

선생님이 말씀하시는 의미는 알겠는데 좀 의문이 드는 부분이 있었다.

"그럼, 우리가 매일 듣는 착한 사람이 되라는 건 뭐죠? 선악이 그렇게 달라질 수 있다면 어떻게 해야 착하다는 건지 모르잖아요?"

"계동이는 선생님의 말을 비판적으로 잘 들었구나. 상대의 말을 잘 이해하고 자신의 어떤 판단을 내리는 건 아주 좋은 자세예요. 그것이 바로 요즘에 중요하다고 하는 비판적 사고예요. 이건 좀 다른 얘기였고, 어쨌거나 지역마다, 문화마다, 시대마다 공통되는 선함이라는 것은 있어요. 한 사회를 구성하는 사람들 간의 공통된 가치 같은 거요. 그렇지만 다른 문화, 다른 지역하고 비교해 보면 다를 수 있겠죠? 문화와 관습이 다르니까 선과 악에 대한 기준도 다를 거예요. 그게 바로 최한기의 주장이에요. 서로 다른 문화를 가지는 사람들을 똑같은 기준을 가지고 선악을 판단해서는 안 된다는 거죠. 서로 다른 점을 인정하고 존중해 주는 것이 바로 최한기가 말하는 선이에요."

선생님의 말이 길어지긴 했지만 아이들은 그래도 이해하는 것 같은 눈빛이었다.

그때 태근이가 번쩍 손을 들더니 말했다.

"선악이 따로 있는 것이 아니라, 시대와 문화에 따라 달라질 수 있는 것이므로 다양한 것을 인정해야 한다는 것이 오늘의 말씀! 맞죠? 선생님?"

"그래요. 맞아요. 내가 더 길게 얘기할까 봐 요점 정리를 해 버리는구나. 그러나 여러분에게 한마디만 더 하고 싶어요. 선악이 절대적이라고 믿을 때 우리는 큰 잘못을 저지를 수 있어요. 옛날 유럽도 그랬죠. 유럽의 국가만이 문명국이고 선하기 때문에 야만적이고 악한 나라를 마음대로 해도 된다고 생각했어요. 그래서 아프리카와 아시아의 여러 나라를 식민지로 만들고 지배했어요. 요 근래에 미국과 이라크의 전쟁도 그런 것이라고 할 수 있어요. 자국만이 선이라고 믿어서 생기는 잘못이죠."

선생님은 이제 진짜로 마친다고 하면서 말을 이었다.

"그나저나 민지의 머리핀에 대해서는 여러분이 알아서 해결해 보세요. 누가 훔쳐 갔다는 확신과 증거도 없이 판단할 수는 없는 일이지 않겠어요? 그래서 최한기는 선악 판단에 과학적 지식이 필요하다고 한 거예요. 과학의 힘을 빌리면 보다 합리적인 판단을 내릴 수 있으니까요. 여러분도 한번 생각해 봐요."

선생님은 역시 '생각해 봐요.'를 덧붙이시고 수업을 마치셨다.

선생님이 범인을 잡아 주실 줄 알았던 민지의 머리핀 사건은 이제 우리들의 과제가 되었다. '모두 눈을 감고 훔쳐 간 아이만 살짝 손을 들어요. 선생님만 알 거예요.' 이런 걸 상상했던 우리는 방법이 막막해졌다.

"선생님이 과학의 힘을 빌리면 합리적인 판단을 내릴 수 있다고 했잖아. 이 문제를 과학적으로 접근하는 거야."

민수의 진지한 제안에 태근이가 비웃었다.

"야, 그런 얘기는 누가 못하냐? 과학적으로 접근하자. 그래 좋다 이거야. 그런데 어떻게 할 건데?"

거기까지는 생각 못한 민수가 얼버무리자 태근이가 비장하게 말했다.

"경찰에 신고하자!"

"뭐?"

나도 모르게 큰 소리가 나왔다. 민수도 어이없는 표정으로 태근이를 쳐다봤다.

아무리 민지 일이라고 열렬히 나선다지만 이런 일로 경찰을 부르는 건 너무 한 것 같았다. 그리고 한순간의 실수로 우리 중 한 명이 머리핀을 가져갔다면, 경찰의 조사를 받는 것이 평생의 수치로 남을 지도 모른다. 그 아이에게 실수를 만회할 수 있는 기회를 주어야 한다는 것이 내 생각이었다.

"말도 안 되는 소리 그만하고, 정 그렇게 민지가 안됐으면 네가 하나 만들어 주지 그러냐. 아줌마들 사이에 쪼그리고 앉아서 한알 한알 구슬을 꿰는 거야. 어때?"

태근이에게 가끔 놀림을 받는 민수가 말로 한 방 날렸다. 그리곤 생각만 해도 우스운지 혼자 키득거렸다.

"알았어, 그만해. 쳇, 그깟 머리핀 알게 뭐야."

태근이는 새침해져서 자리로 돌아가 버렸다.

수업이 모두 끝난 후 집에 가려고 우리는 천천히 운동장으로 나왔다.

"머리핀이 없어도 예쁘기만 하네. 저 아름다운 모습 좀 봐라. 햐, 미인은 뒤통수까지 완벽하다니까."

앞으로 민지가 걸어가는 것을 보고 태근이가 또 호들갑을 떨었다. 오늘은 웬일로 두 명 공주가 빠진 혼자였다. 항상 함께 다니더니, 이상한 일이었다. 그런데 민지 쪽으로 다가가는 아이가 있었다. 가만 보니 희진이였다. 희진이가 민지에게 무슨 일일까? 둘은 한번도 같이 다닌 적이 없는 사인데, 무슨 일인지 궁금했다. 평소에 둘은 워낙 다르고, 또 서로에게 좋은 감정이 없는지 말도 거의 하지 않는다. 그런 희진이가 민지에게 무슨 볼일이 있는 걸까? 생각을 골똘히 하고 있는데 갑자기 내 쪽으로 축구공이 굴러 왔다. 그리고 곧 민지와 희진이의 일은 까맣게 잊어버렸다.

4 불쌍한 희진이

다음날 나는 학교에 조금 늦게 도착했다. 준비물을 미리 챙겨 놓지 않아서 문방구에 들러 오느라 말이다. 그래서 엄마의 잔소리를 밥보다 더 많이 먹고 왔다.

자리에 앉자마자 태근이가 부리나케 달려왔다. 내가 오기만을 내내 기다렸나 보다 또 어디서 소문내고 싶은 비밀을 들었을까? 이렇게 급히 나를 찾을 땐 분명히 입수한 정보를 말하고 싶어 입이 근질근질한 거다.

"야, 너 그거 모르지? 머리핀 도둑이 밝혀졌다는 거!"

태근이가 첩보 영화의 스파이처럼 비밀스럽게 속삭였다.

그럼 그렇지. 이걸 말하고 싶어 얼마나 참았을까? 그런데 왜 몰래 얘기하지? 다른 애들에게 알려진 것이 아니었나?

"이건 이름을 밝힐 수 없는 누군가로부터 받은 정보인데, 어제 사건의 범인을 알아냈다."

"그래? 그래서 그게 누군데?"

내가 심드렁하게 묻자 태근이가 더 나직이 말했다.

"듣고 소리치지 마, 나도 깜짝 놀랐으니까. 절대 다른 애들이 알게 해선 안 돼. 누구냐면…… 희.진.이!"

태근이의 말에 소리치지 말라는 경고를 듣고도 소리칠 뻔했다. 아니, 희진이라니? 말도 안 돼. 모범생이자 성실하고 예의 바르고 착한 나의 희진이가 왜! 무엇 때문에! 어째서!

"놀랄 줄 알았어. 이 얘기가 다가 아니니까 쉬는 시간에 운동장으로 나와."

마침 수업 시작종이 울렸다. 1교시에 수학을 했지만 숫자들이 눈에 하나도 들어오지 않았다. 나는 계속해서 희진이 생각을 했다. 그런 짓을 할 아이가 아닌데, 설마 엉터리 정보겠지? 태근이의 정보 수집력은 별로 믿을 한 것이 아니잖아 하고 고개를 절레절레 흔들었다.

정신이 어수선한 가운데 수업이 끝나고, 기다릴 것도 없이 운동장으로 나갔다.

"제대로 알고 하는 소리야? 머리도 짧은 희진이가 뭣하러 머리핀을 훔쳐 가냐? 말도 안 돼."

내 말이 끝나자 태근이가 자못 심각한 얼굴로 말했다.

"희진이를 나쁜 범죄자라고는 할 수 없어. 거기엔 슬픈 사연이 있지……."

남은 놀라게 해 놓고 능청스럽게 연극적인 말투가 나오다니.

"그래, 사연이 뭐야!"

나도 모르게 거칠게 말이 튀어나왔다.

"희진이는 엄마가 안 계시대. 작년에 엄마와 아빠가 함께 차를 타고 가다가 사고가 나서 엄마는 돌아가시고 아빠는 허리 아래가 마비되어서 움직이지도 못하신다는 거야. 그래서 희진이가 두 살 아래 동생과 아빠도 살피면서, 엄마 대신 집안 일도 다 하고 있대. 희진이 머리가 짧은 것도 손질해 줄 엄마가 없기 때문에 아는 미용사 아줌마가 그렇게 다듬어 준 거래."

'머리핀 도둑'이라는 건 까맣게 잊어버리고 희진이의 가슴 아픈 사정만 귀에 들어왔다. 나의 희진이가 그랬구나, 그렇게 어려운 형편이었구나 하는 생각에 마음이 너무 아팠다. 그래서 희진이는 수업이 끝나면 아이들과 어울리지도 않고 곧장 집으로 가고, 낡은 가방을 들고 다녔던 거였다. 희진이가 안쓰러웠다. 나는 다리에 힘이 풀려서 자리에 털썩 주저앉아 버렸다.

"그런데 어제 민지의 머리핀을 보니까 엄마 생각도 나고 민지가 부러워서 자기도 모르게 손이 슬쩍 갔다는 거야. 엄마가 살아 계셨으면 비즈로 머리핀도 만들어 주고, 매일 긴 머리를 묶어 주시기도 할 텐데. 그렇지 못한 상황이 슬프고 엄마의 사랑을 받는 민지가 샘나서 순간 가져갔대."

나도 모르게 눈물이 날 뻔했다. 진즉 알았더라면 말이라도 따뜻하게 해 줄 수 있었을 텐데. 괜히 좋아하는 게 티 날까 봐 일부러 퉁명스럽게 말했던 게 후회됐다.

"희진이가 공부 열심히 하는 것도 다 그런 이유래. 아빠가 다리를 못 쓰니까 의사가 되어서 아빠 일어나게 해 드리려고……."

신나서 줄줄이 희진이에 대해서 얘기하는 태근이가 괜히 얄미워

졌다. 남의 얘기 전하는 게 재미있어서 말을 옮기는 태근이가 좋게 보이지 않았다. 특히 내가 좋아하는 희진이의 얘기라서 더욱 그랬다.

"어쨌거나 어제 일로 희진이와 민지 사이가 좋아졌다더라. 민지 엄마도 희진이 사정을 듣고 여러 가지 도움을 주시기로 했대. 머리핀도 하나 더 만들어 주고 말이야."

그랬구나……. 잘됐다. 희진이도 친구가 생겼으니. 훔치는 건 분명 나쁜 일인데 머리핀 사건은 나쁜 행동으로만 보이지 않았다. 역시 선악의 판단은 감정에서 오는 게 맞나 보다.

앞으로 희진이에게 더 잘 해 줘야겠다. 말도 다정하게 하고 관심도 가져 주고, 혹여라도 희진이가 외롭고 힘들다는 생각이 들지 않게 말이다. 이제 내가 희진이를 좋아하는 거 친구들에게 들켜도 상관없다.

앞의 글에서 사람의 본성은 착하다는 맹자의 성선설과 악하다는 순자의 성악설을 읽었을 것입니다. 그런데 맹자가 말한 본성과 순자가 말한 본성은 다른 것입니다. 맹자가 말한 본성은 인간의 양심과 관계된 이성적인 측면을 말합니다. 순자는 인간의 본능과 관계되는 동물적인 측면을 본성으로 본 것입니다. 그래서 서양 사람들의 표현을 빌자면 '인간은 천사와 악마의 중간쯤 된다.'고 했는데, 바로 선하고 악한 두 측면이 있기 때문에 그런 것이지요.

그런데 맹자와 같은 시대에 살던 고자라는 사람은 맹자의 이러한 성선설에 정면으로 도전합니다. 그는 물 길을 동쪽으로 트면 동쪽으로 흐르고, 서쪽으로 트면 서쪽으로 흐르는 여울물과 같이 인간의 본성은 원래부터 정해진 것이 아니라, 어떻게 살아가느냐에 따라 착하게도 되고 악하게도 된다고 보았습니다. 이것이 인간의 본성을 선하지도 악하지도 않다는 이론입니다.

최한기가 인간의 본성을 바라보는 것은 바로 이 고자의 이론을 따랐습니다. 그는 말합니다.

"사람이 태어날 때 갖게 되는 성품이야 어찌 이와 같은 선악으로 나눠지겠는가? 선악이 나누어짐은 물 길을 동쪽으로 트고 서쪽으로 트는 데서 달려가는 방향이 다른 것이다. 선한 것은 자연적으로 정해진 본성을 따른 것이고, 악한 것은 자연적인 본성을 어기는 데서 생긴 것이다. 결국 이렇게 나누어진 원인은 사람이 경험을 통해 어떻게 인격을 배양했느냐에 달려 있기 때문이다."

　이처럼 태어날 때 인간의 본성은 자연적인 것인데, 최한기가 자연의 순리를 따르면 선이 된다고 하는 것은 바로 이 점과 관계가 있습니다.

　그런데 그가 왜 인간의 본성을 착하지도, 악하지도 않게 보았을까요? 그는 말합니다.

　"인간과 상관없이 스스로 그렇게 있는 것은 자연의 이치이고, 선하다, 악하다 하는 가치는 사람이 만들어 낸 이치이다. 그러니 공부하는 사람은 자연의 이치로 표준을 삼고, 가치문제를 가지고 공부를 한다. 자연의 이치는 사람의 힘으로 어떻게 할 수 있는 것이 아니나, 가치문제는 인간에 속하여 이것을 가지고 공부를 할 수 있다."

　스스로 그러한 자연 상태는 인간과 상관이 없으며 선과 악으로 판단할 수 없다는 것입니다. 그러니까 인간도 원래 다른 동물처럼 자연에 속한 것이므로 처음으로 선과 악을 가지고 있다고 말할 수 없습니다.

　그래서 또 이렇게 말합니다.

　"선은 일정하게 정해져 있는 것이 아니니 사람이 자기가 좋아하는 것을 말하는 것이고, 악도 정해져 있는 것이 아니니 사람이 자신이 싫어하는 것을 말하는 것이다."

　그러니까 선한 것은 사람들이 자기들에게 유리하거나 좋은 것을 가지고 말하며 악은 그 반대라는 것입니다. 이렇게 보면 공룡이 살았던 시대에는 선과 악이 없었다는 것이 됩니다. 선과 악을 판단할 인간이 없었기 때문입니다. 이런 관점을 연장시켜서 판단해 보면, 결국 사람에 따라 선과 악이 바뀔 수도 있기 때문에 원래부터 정해져 있다고 할 수 없는 것입니다.

이렇게 보면 선과 악이 사람마다 달라 혼란한 세상이 될 것입니다. 그래서 자신이 살고 있는 사회에서 공통적으로 선하다 악하다고 생각하는 윤리나 도덕을 따라야 한다고 했습니다. 그러나 한 나라나 한 지역의 문화만을 고집해서 마치 그것이 윤리의 전부인양 다른 문화를 무시해서는 안 되겠죠. 모든 사람들에게 공통적인 선이 되려면 결국 자연의 순리를 따르는 것이라 하겠습니다.

자연의 순리를 따르라

하늘에 대해 말한 것이 인간의 일로 귀착되지 않는다면 하늘에 대해 잘 말한 것이 아니요,
옛날에 대해 말한 것이 현재를 통해 확인되지 않는다면 옛날에 대해 잘 말한 것이 아니다.

－ 최한기 －

부모님을 졸라 갯벌 탐험을
간 쌍둥이. 소동이는 엄마 스타킹에 농기구까지 챙
겨서 갯벌에 뛰어 들어가는데, 에게? 정작 캐낸 것은 양
동이 밑바닥에서 달그락거리는 조개 네 개에 망둥이 새끼 다
섯 마리가 전부이다. 또 알고 보니 갯벌이 인간하고 연결되어
있단다. 갯벌뿐만 아니라 자연과 인간은 서로 연결되어 있어
서, 한 쪽이 아프면, 다른 쪽도 아프다고 한다. 지금까지
인간이 자연을 너무 함부로 개발한 것이 아닐까? 그
렇다면, 그 결과는……

① 갯벌에 가다

일요일이었다. 평소와 달리 일찍 눈이 떠졌다. 우리 가족은 토요일 밤에는 늦도록 영화를 같이 보거나, 수다를 떨거나, 특별히 컴퓨터 게임을 허락 받아 신나게 한 판 붙어서 자는 시간이 늦다. 그래서 우리는 밤에는 정신이 초롱초롱하지만, 아침잠이 많은 '저녁형 인간' 이다.

어제도 비디오를 봤는데 제법 극장에 온 것 같은 기분이 들었다. 불을 모두 끄고 화면을 보니까 진짜 무서웠다. 하필 귀신 영화를 골라서 밤새 공포에 떨었다. 최한기는 귀신이 없다고 했지만, 생각만으로도 무서운 건 어쩔 수 없다.

그렇게 늦게 잤는데도 웬일인지 학교 갈 시간에 잠이 깨 버렸다. 정작 학교 갈 때는 그렇게 못 일어나겠더니, 왜 쉬는 날은 일찍 눈이 떠지는 걸까.

나는 모처럼 마루에 나와 창으로 밖을 내다봤다. 눈앞에 잎이 무성한 양비듬 나무가 보였다. 이파리가 오리발같이 생겼다. 매일 보는 이 나무의 이름이 궁금해서 식물도감을 찾아 이름을 알 수 있었다. 플라타너스 과에 속하는데 우리말로 양비듬이라고 부른단다. 제법 윤이 나고 초록 색깔이 예쁜 이 나무에게 별로 어울리지 않는 이름인 것 같다.

아무튼 나무를 보면 신비롭다. 겨울에 다 죽은 것같이 서 있다가도 봄이 되면 새로 잎이 돋는다. 겨우내 보이지 않던 벌레와 새들도 어디선가 생겨난다. 《자연의 사계절》이니, 《나무의 한살이》니 하는 책에서 보긴 했지만 그래도 신기하다. 없던 것이 어디서 새록새록 생겨나는 것일까.

우리 집 뒷산에는 보호수도 한 그루 있다. 음나무라고 간판에 써 있는데 나무의 나이가 150살이다. 기둥이 얼마나 굵은지 소동이

와 내가 손을 맞잡아 둘러도 모자를 정도다. 그러고 보니 최한기가 살았던 때가 150년 전이라고 했다. 혹시 음나무가 최한기를 직접 만난 적도 있지 않았을까? 갓을 쓰고 한복을 입은 최한기가 아기 음나무를 스쳐 갔을지도 모르는 일이다. 그때는 나무가 너무 작아서 눈길을 끌지 못했을 것이다.

아주 멀고 먼 옛날 사람이라고만 생각했던 최한기 선생과 내가 같은 나무를 알고 있을지도 모른다고 생각하니, 최한기 선생이 무척 가깝게 느껴졌다.

"형, 뭐해?"

베란다 앞에서 이런저런 공상으로 한참 서 있는데 소동이가 와서 어깨를 쳤다.

"형, 우리, 엄마 아빠 깨워서 놀러 가자고 하자."

녀석도 잠이 일찍 깨니 놀 궁리 먼저 하는구나.

"그럴까? 어디 가자고 할까?"

"우리 반 애가 그러는데 제부도 갯벌에 가면 진짜 재미있대. 자기도 지난주에 갔다 왔는데 조개랑 게랑 물고기를 한 양동이 잡아 왔다더라고."

그러고 보니 우리는 갯벌을 한번도 못 가 봤다. 바다랑 산은 많이 갔는데 갯벌은 안 가 봤다. 진흙이 묻으면 빨래하기 힘들다는 엄마의 반대 때문이었다.

"그래, 좋았어. 오늘만큼은 갯벌에 꼭 가 보자."

나는 갯벌이 궁금했다. 그 진흙 속에 뭐가 있을까? 책에 보면 많은 생물들이 살고 있다고는 하는데 직접 보고 싶다.

소동이와 나는 부모님 방으로 들어갔다.

"빵빠라 빵……, 빵빠아앙!"

"일어나세요, 아침이에요."

"잠시 후 폭탄이 터집니다. 오, 사, 삼, 이, 일!"

우리는 시계 상점에서 눌러 보았던 자명종 소리들을 흉내 내며 부모님을 깨웠다. 소음을 못 이겨 두 분이 부스스 일어나셨다.

"너희들 웬 난리니? 다른 때는 놀러 가자고 깨워도 안 일어나던 녀석들이. 너희들이 먼저 깼다고 이렇게 괴롭혀야겠어?"

엄마가 눈살을 찌푸리며 말했다. 아침에 가장 부지런한 것이 엄마지만, 자고 있을 때 깨우는 걸 가장 싫어하는 것도 엄마다.

"엄마, 아빠! 우리 갯벌 가요! 네! 날씨가 너무 좋아요. 집에만 있기엔 아깝다고요."

결국은 두 분 다 우리의 성화에 못 이겨 그러자고 하셨다.

우리는 아침을 빨리 먹고 트렁크 가득 짐을 챙겨 넣었다. 잠깐 다녀오는 건데 무슨 짐을 이렇게 많이 가져가냐는 아빠 말에 소동이 대답했다.

"이거 다 필요한 거예요. 거머리에 물릴 수 있으니까 스타킹이 있어야 되고, 발이 다치니까 슬리퍼도 있어야 되고, 양동이, 삽, 곡괭이, 갈고리가 있어야 많이 잡는단 말이에요."

소동이는 친구에게 주워들은 얘기로 철저한 준비를 마쳤다. 창고에 있던 농기구까지 어느새 챙겨 나왔다. 예전에 주말 농장할 때 쓰던 건데, 생뚱맞게 갯벌에 가면서 농기구를 가지고 가다니, 하여튼 극성스럽다.

차를 타고 한 시간쯤 달려 제부도에 도착했다. 바닷길이 시간에 따라 열렸다 닫히는 곳이라고 했다. '모세의 기적'이라고 사람들이 불렀는데, 제부도는 하루에 두 번 썰물 때 바다 한 가운데로 길이 생긴다고 한다. 우리가 차로 건너온 길이 좀 있다가 사라진다고 했다. 자연에는 신기한 일이 정말 많다.

차를 세우고 커다란 양동이, 자루 달린 삽과 곡괭이들을 잔뜩 챙겨 갯벌 쪽으로 걸어갔다. 그런데 다른 사람들은 대부분 빈손이거나 작은 삽과 깡통 하나 정도만 손에 들고 있었다. 스타킹과 슬리퍼까지 챙겨 온 사람은 우리밖에 없었다. 좀 창피했다. 소동이 녀석, 안 그래도 어째 너무 유난스럽게 준비한다 했다.

어쨌거나 우리는 신이 나서 갯벌로 뛰어갔다. 막상 갯벌에 들어가니 작은 돌들이 뾰족뾰족 솟아 있어서 발 딛기가 쉽지 않았다. 그래도 차마 스타킹은 신을 수 없었다. 소동이는 이게 얼마나 필요한 건데, 하면서 엄마 스타킹을 양발에 꿰었다.

"이야! 여기 게 있다, 게!"

먼저 앞으로 가고 있던 아빠가 소리치셨다.

소동이와 나는 첨벙첨벙 물을 튀기면서 아빠 있는 데로 뛰어갔다.

"와, 진짜 게다! 근데 너무 작아요. 이만한 걸로는 한 입거리도 안 되겠는데요."

아빠 손에 잡힌 게를 보면서 내가 말했다.

"잡아먹다니! 형은 이렇게 귀여운 게를 보면서 먹을 생각이 나? 조그만 다리를 꼼지락거리는 모양이 얼마나 예뻐. 우리 집에 가지고 가서 키우자."

게는 소동이의 말에 동의하는 듯 거품을 뽀글뽀글 뿜어냈다. 감상적인 소동이는 내가 야만인이라도 되는 듯 펄쩍 뛰었지만, 갯벌에서 이런 거 잡아서 먹는 건 당연한 일이다. 자기도 게장이라면 자다가 벌떡 일어나면서 그런다.

"잡아먹든 키우든 이따가 생각하고 아빠처럼 너희들도 한번 찾아보렴. 여기 구멍이 뿅뿅 뚫려 있는 데를 뒤져 보면 뭐가 나올 거야."

아빠는 게 한 마리를 잡고는 호랑이 사냥이라도 해낸 듯 자랑이다.

저 멀리서 엄마가 소리쳤다.

"와, 망둥이야, 망둥이!"

진흙 묻히기 싫다고 꺼려하던 엄마가 더 열심이다. 벌써 얼굴이랑 옷에 진흙물이 튀어서 얼룩이졌는데도, 아랑곳하지 않고 이것저것 잡는 재미에 푹 빠지신 것 같았다. 우리는 엄마가 계시는 곳으로 망둥이를 구경하러 갔다.

"에게, 이게 물고기예요? 올챙인 줄 알았네."

"무슨 소리야, 이래 봬도 망.둥.이라고! 그리고 이 녀석이 얼마나 빠른데. 게 한 마리 잡는 거하곤 비교가 안 된다 이 말이야."

나의 실망에 엄마가 큰 소리쳤다. 몸통이 미끌미끌해서 잡기 어려운 건데 엄마가 잡은 거라고 자랑이 대단하시다.

소동이와 나도 뭐 하나는 건져야겠기에 구멍마다 쫓아다녔다. 그렇지만 손이 너무 늦어서 그런지 좀체 잡을 수가 없었다. 뭔가가 들어가는 걸 보고 얼른 구멍을 파 보아도 어디로 숨었는지 보이질 않았다. 하긴 딴에는 목숨 걸고 도망치는 것일 텐데, 느린 우리가 잡기는 힘들 터이다.

몇 시간을 갯벌에서 헤맨 뒤에 우리 양동이에 잡은 것은 게 세 마리와 망둥이 새끼 다섯 마리, 조개 네 개가 다였다. 커다란 양동이의 밑바닥도 다 차지 않는 우리의 포획물이 걸을 때마다 달그락거렸다. 그걸로 뭔가 해 먹긴 틀렸다. 어쩔 수 없이 소동이의 말대로 키우는 수밖에 없었다.

큰 수확은 없었지만 처음 해 보는 갯벌 체험이 재미있긴 했다. 바닷물이 빠진 진흙 바닥에 뭐가 살고 있을까 싶었는데 걸어 다니면서 보니까 갯벌에는 꼼지락거리는 것이 참 많았다. 갯벌은 살아 있다는 말을 어디선가 들어 본 기억이 나는데 정말 살아 있는 것으로 가득했다.

② 자연의 순리를 거스른 대가

돌아오는 차 안에서 아빠가 말씀하셨다.

"요즘에는 갯벌이 점점 사라지고 있어서 참 문제야. 땅을 넓힌다고 바다도 메우고, 갯벌을 시멘트로 덮는 공사를 하고 있으니까 말이야. 갯벌 생물보다 사람이 살 땅을 더 많이 만들려고 자연을 해치고 있거든."

"아, 그래서 새만금 간척 사업을 한다고 할 때 스님들이 반대 운동을 했던 거예요?"

얼마 전 텔레비전에서 보았던 뉴스가 생각났는지 소동이가 아는 체를 했다.

"그래. 한동안 바다를 메워 땅을 만드는 것이 우리나라를 더 잘 살게 만드는 길이라고 믿어서 간척 사업을 많이 했단다. 물론 지금도 멈춘 건 아니야. 넓은 바다를 육지로 바꿔서 논도 만들고 집을 짓기도 하지."

아빠의 말에 엄마가 덧붙였다.

"그러게요. 그런 개발이 사실은 사람에게도 나쁜 영향을 끼칠 수 있는데 눈앞의 이익만 생각한다니까요. 생물이 살 땅을 사람들이 뺏으면 그만큼 생물의 종은 줄어들고, 결국은 그 때문에 사람들의 삶도 불행하게 되는데, 거기까지 생각하지 못하잖아요."

인구는 많고 땅이 부족한 우리나라에선 바다를 메우고 산을 깎아서 땅을 넓히는 게 필요할 것 같은데, 나는 부모님의 말이 잘 이해되지 않았다.

"부족하면 땅도 만들어 내는 것이 사람 아닌가요? 그리고 생물들이 좀 사라진다고 사람들에게 무슨 영향이 온다는 거예요?"

내 말에 아빠가 갑자기 물었다.

"계동이, 어제 저녁에 뭘 먹었지?"

아빠가 뜬금없이 저녁 메뉴를 왜 물어 보시는 지도 모른 채 나는 대답을 했다.

"음…… 뭐였더라…… 아! 낙지볶음이요!"

엄마가 자신 있게 내놓을 수 있는 몇 안 되는 메뉴 중의 하나가 낙지볶음이다. 주말 특별식으로 맛있게 먹은 기억이 났다.

"그래, 낙지를 먹었지. 그런데 계동아, 낙지가 갯벌에서 잡힌다는 사실을 아니? 그래서 갯벌이 사라지면 우리는 낙지볶음도 못 먹게 될 거야. 그래도 괜찮니? 그러니까 갯벌과 네가 전혀 상관없는 게 아니란다."

"에이, 수입 낙지도 많아요. 그리고 낙지 없으면 딴 거 먹으면 되죠, 뭐. 갯벌 없다고 우리가 굶는 건 아니잖아요."

아빠의 대답이 너무 엉성하다는 생각이 들어서 내가 반문했다. 옆에서 소동이도 거들었다.

"갯벌을 논으로 바꾸면 벼도 더 많이 심고, 거둘 수 있잖아요? 그럼 식량도 더 많아지고, 좋을 것 같은데요?"

아빠가 우리 둘의 질문에 찬찬히 다음 얘기를 들려주셨다.

"이해하기 쉽게 예를 들어 보마. 자, 너희들이 밥을 먹으면 그 다음은 어떻게 되지?"

"소화가 다 되면 남은 찌꺼기는 똥이 되어 나와요. 에이, 그런 건 유치원 애들도 다 알아요."

"그렇지. 똥이 되어 나오지. 그 똥이 잘 썩으면 좋은 거름이 되어서 농작물을 키우겠지?"

"맞아요. 특히 형 꺼보다 내 똥이 더 좋을 걸요. 소똥이 얼마나 좋은 거름인데요. 킥킥"

"그래. 그렇게 땅에 나는 풀들도 제각기 먹는 동물이 있지. 풀을 먹고 자란 동물을 먹는 동물이 또 있고, 그 동물 위에 또 다른 동물, 또 그 동물들이 죽으면 작은 미생물이 흙으로 돌아가도록 분해하겠지? 이런 걸……."

"아, 먹이사슬이요! 벌써 배웠는걸요."

소똥이와 내가 입을 모아 외쳤다. 그 정도쯤은 상식이다.

"맞다, 먹이사슬. 이 세상은 그런 먹이사슬로 엮인 생태계지. 어느 것 하나 따로 독립적으로 있을 수는 없어. 너희들 유기농이라는 말 들어 봤지?"

엄마가 이제 우리도 유기농으로 바꿔 먹어야겠다는 얘기를 한 적이 있었다. 몸에 좋은 먹을거리, 뭐 그런 거라고 들었다.

"농약 안 쓰고 키운 채소나 과일이 유기농이죠? 그러니까 몸에 좋다는 뜻 아닌가요?"

소동이가 대답했다.

"유기농이 몸에 좋은 건 사실이지만 본래의 의미가 그건 아니란다. 유기란 것은 말이야, 어떤 생물체가 전체적으로 하나의 관계로 이어져 있다는 뜻이야. 계동이 너의 눈, 코, 귀, 입, 그리고 심장과 손발, 이런 것들은 각각 움직이지만 네 몸 전체를 이루고 있지 않니? 그물이 촘촘하게 엮여 있는 것처럼 말이다."

아빠의 말을 듣고 보니 유기농이라는 말이 새롭게 들렸다.

"그래서요, 아빠? 그게 농사하고 무슨 상관인데요?"

우리들이 흥미를 보이자 아빠는 더 열심이시다.

"사람의 몸 하나도 어떤 부분 하나만을 떼어 낼 수 없어. 귀가 아프면 평형을 잃어 자꾸 넘어지고, 코가 아프면 눈과 목도 같이 아프듯이 기관들은 서로 연결이 되어 있단다. 생태계도 마찬가지야. 생물 종들이 모두 하나의 몸처럼 서로 연결되어 영향을 주고받거든. 똥이 거름이 되어 다시 벼를 키우듯이 자연의 질서를 해치지 않으며 농사를 짓는 것이 유기농이란다."

"아하, 그렇구나. 나중에 애들한테도 써먹어야지. 모처럼 잘난 척 좀 할 수 있겠다, 그렇지? 소동아."

아빠의 말을 듣고 유기농이 무엇인지 알고 나니까 되게 유식해진 기분이었다. 그런데 소동이는 아직 안 끝난 모양이었다.

"그래도 해충이 다 갉아 먹으면 수확이 적어지잖아요. 농약을 쳐야 쌀이랑 채소랑 다 잘 자라는 것 아니에요?"

소동이는 항상 하나를 알려 주면 열을 안다. 이 똑똑한 녀석이 내가 미처 생각 못한 걸 물어보았다.

"글쎄 예전에는 그렇게들 생각했어. 그때는 배고픈 사람이 많았으니까 어떻게든 농작물을 많이 생산했어야 했거든. 그래서 농약을 쳐서 병충해도 없애고 화학비료도 듬뿍 줘서, 작물이 더 빨리 그리고 더 많이 자라게 만들었지. 그래서 농사의 수확량은 훨씬 많아졌단다."

"그러니까 농약이랑 비료가 필요한 거네요?"

자신의 말이 맞다고 생각한 소동이가 다시 물었다.

"당장은 그랬지. 그런데 생각하지 못한 많은 문제들이 생기기 시작했단다."

아빠와 얘기하는 도중에, 운전을 하고 있던 엄마가 갑자기 말씀하셨다.

"잘 오고 있었는데 여기부터 차가 막혀요. 아이참, 아직 반도 못

왔는데. 조금 더 일찍 출발할 걸 그랬나 봐요."

밖은 벌써 어두워져 있었고 도로는 차들로 꽉 차 있었다. 많긴 많다. 이 차들이 내뿜는 매연은 다 어디로 가는 걸까?

"아빠, 저기요, 저기. 엄청 높은 굴뚝이에요."

아파트만 있는 동네에 사는 우리는 굴뚝이 신기해서 창밖을 내다봤다. 굴뚝 끝에선 뿌연 연기가 뭉클뭉클 솟아나고 있었다.

"정말 걱정이야. 저렇게 뿜어져 나오는 연기가 얼마나 대기를 오염시키겠어."

아빠가 한숨을 쉬며 말씀하셨다.

"그래도 공장이 있어야 사람들도 일자리를 얻고 물건도 만들고 하잖아요. 우리 생활에 꼭 필요한 거 아닌가요?"

사회 시간에 배운 내용이 생각나서 내가 물었다.

"꼭 필요하다고도 할 수 있고, 아니라고도 할 수 있고……."

잘 모르겠는 대답을 하면서 아빠는 창밖을 계속 내다보셨다.

"참, 아까 그 얘기요, 농약을 치니까 생각지 못한 문제가 생겼다는 말이요. 무슨 문제인지 말씀 안 하셨잖아요. 궁금해요."

소동이는 말을 꺼내면 꼭 끝을 보는 성격이다. 나는 빨리 집에 가고 싶은 생각에 길이 막히는 걱정을 하며 잊어버리고 있었는데,

소동이 다시 얘기를 꺼냈다.

"아, 참, 그렇지. 계동아, 너 비염이 있어서 가끔 병원에 가지?"

아빠는 또 뜬금없는 질문을 하셨다.

"네. 요즘에도 아침에 코가 가렵고 재채기가 많이 나서 괴로워요."

"바로 그거야. 농약을 사용하고, 공장의 기계를 돌리고, 자동차를 타면서 전에 없던 질병들이 많이 생기기 시작했단다. 알레르기라고 부르는 여러 질환들, 뚜렷한 원인 없이 몸의 어딘가가 아픈 것이 다 현대에 생긴 병이지. 농약이 묻은 농산물을 먹으면서 우리 몸에 농약이 쌓이고, 자동차의 나쁜 배기가스와 공장에서 나오는 배출 가스가 또한 우리 몸에 쌓이겠지?"

아빠의 표정이 더욱 심각해지셨다.

"그래서 우리는 자연의 순리를 거스른 대가를 지금 받고 있는 건지도 몰라. 환경문제가 거의 매일 신문에 나오잖아."

"기상이변도 자연의 순리를 거슬러서 그런 건가요?"

얼마 전 다른 나라에 엄청나게 큰 태풍이 와서 많은 사람들이 죽거나 다쳤다는 뉴스를 본 적이 있다. 날씨가 이상하게 변해서 자연재해가 생겨난다는 얘기였다.

"계동이가 잘 말했구나. 그래, 요즘 일어나는 기상이변도 다 환경오염 때문에 생기는 거란다. 우리가 배출하는 나쁜 가스들이 대기의 보호막을 깨뜨리고, 지구의 온도를 높이기 때문에 태풍이나 폭우, 폭설 등이 생기는 것이지. 그뿐만이 아니야. 너희들 남극의 빙하 알지? 지구가 점점 더워져서 빙하가 녹는데, 그 양이 어마어마해서 육지가 다 잠길 정도란다. 어쩌면 대륙의 많은 부분이 바닷물에 잠길지도 몰라."

갑자기 전에 봤던 공상 과학 영화가 생각났다. 세상이 온통 바닷물에 잠겨서 물 위에 집을 짓고 바닷물을 정화해서 겨우 물을 마시던 영화 말이다. 정말 그렇게 될 수도 있단 말인가? 무서운 생각이 들었다.

"그것보다 더 심각한 것은 지금 우리의 환경이야. 아까, 유기라는 것이 그물과 같은 것이라고 했지? 세상은 모두 연결되어 있단다. 그물의 코가 몇 군데 나면 구멍은 점점 커지고 나중에는 그물이 모두 찢어져 버릴 거야. 세상의 생물 어떤 종이라도 없어진다면, 결국 우리들에게도 그 영향은 오게 되어 있지. 사람도 곧 자연이니까 말이야."

아빠의 얘기를 듣던 우리는 숙연해졌다. 세상이 언제까지나 똑같을 줄 알았는데 우리가 어떻게 하느냐에 따라 달라질 수도 있다는 생각에 마음이 무거웠다.

"그럼 아빠, 우리 차도 타면 안 되요? 차 매연도 공기를 오염시키는 거니까요."

소동이의 진지한 질문에 아빠가 웃으면서 대답했다.

"차를 타지 않고 걸어 다닌다면 가장 좋겠지만, 이제 그렇게 하기는 어렵겠지? 대신 될 수 있는 대로 자가용 이용을 줄이고 나쁜 가스가 나오는 석유 대신 오염 없는 다른 에너지를 개발하는 방법을 찾아야 할 거야."

"저는 나중에 회사를 다닐 때도 자전거를 이용할래요. 그럼 다리도 튼튼해지고 공기도 오염시키지 않잖아요?"

나의 비장한 결심에 아빠가 웃었다. 엄마도 따라 웃으며 말했다.

"우리 계동이, 그러다가 커서 자전거 선수가 되겠는걸."

나는 진지하게 생각해서 대답한 건데, 엄마 아빠는 내 말이 우스운가 보다.

"엄마! 이제 도로가 술술 뚫려요. 야호! 얼른 집에 가서 맛있는 저녁 먹어요!"

"호호호. 엄마가 맛있는 유기농 밥상을 차려 줄게, 기대 하렴!"

빙긋 웃으며 내다 본 창밖으로, 저녁노을이 붉게 물든 서해 바다가 눈에 들어왔다. 저 아름다운 자연과 내가 하나로 연결되어 있구나 하는 생각에 새삼 감동이 느껴졌다.

③ 창혁이의 아토피

상쾌한 아침이다.

저녁에 차에서부터 졸려 오자마자 푹 잤더니 일어나는 것이 개운했다. 옛날 사람들처럼 해가 지면 자고, 해가 뜨면 일어나는 것이 자연의 순리일 것이다. 오늘부터는 나도 그렇게 해야겠다. 스스로 눈이 떠지니까 좋았다. 엄마의 잔소리로 일어나는 것보다 훨씬 낫다.

"형! 형! 이거 봐, 큰일 났어!"

소동이는 나보다 더 일찍 일어났나 보다. 그런데 웬 소동이지?

"어제 우리가 잡아온 게랑 물고기가 다 죽어 버렸어. 어떡해……."

아, 몇 시간을 갯벌에서 헤매며 잡아 온 것들인데, 이게 웬일이지? 게는 배를 뒤집고 꼼짝을 안하고 망둥이도 움직이질 않았다.

"아휴, 물이 맞지 않아서 그랬나 보다. 바닷물이 필요할 텐데 그냥 소금만 섞어 주니 환경이 맞지 않았나 봐."

엄마가 양동이를 들여다보며 말씀하셨다.

"가엾어. 차라리 그냥 놔주고 오는 건데. 괜히 우리 욕심에 데려와서 죽게 만든 거야."

감상적인 소동이는 금방 눈물이라도 쏟을 듯 슬픈 얼굴로 말했다.

모든 생물은 살던 데서 살아야 하나 보다. 정성으로 돌봐 줄 생각이었는데, 애들은 우리 보살핌이 필요한 것이 아니라 갯벌이 필요한 것이었다. 자연의 순리를 따르라는 아빠의 얘기를 듣고도 이건 미처 생각 못했다. 소금물을 만들어 준다고 바다가 되는 건 아니었으니까 말이다.

"한번 겪어 봤으니까 다음에 그러지 않으면 돼. 자연을 따르지 않고 사람이 만든 환경에선 살 수 없는 걸 봤지? 자, 안됐지만 이것들은 화단에 묻어 주자."

어느새 나온 아빠가 말씀하셨다.

속상한 마음이었지만 어쩔 수 없었다. 우리가 재미있을 생각만 하고 갯벌에서 잡아 온 것이 잘못이다. 소금물 속에서 얼마나 괴로웠을까?

화단에 묻어 주느라 시간이 많이 지나갔다. 일찍 일어나도 이 모양이다. 소동이와 나는 허겁지겁 밥을 먹고 부리나케 뛰었다. 오늘도 겨우 수업 시작하기 3분 전에 도착했다.

숨을 몰아쉬며 교실에 들어갔는데 아침부터 무슨 일인지 교실은 난장판이 되어 있었다. 태근이와 민수가 얼마 전 전학 온 창혁이와 뒤엉켜 있는 것이었다. 아이들은 주변에서 애들을 말리려고 둘러섰지만, 주먹다짐을 하는 세 녀석 사이로 끼어들지 못하고 입으로만 떠들고 있었다. 나는 그 광경을 보고 얼른 달려가 태근이와 민수를 붙잡았다.

"이게 뭐하는 거야? 왜 아침부터 싸움이냐고!"

내가 태근이의 팔을 잡고 소리쳤다. 아직 분이 풀리지 않아 씨근덕거리는 세 녀석들이 숨을 몰아쉬며 말했다.

"저 자식, 태근이가 먼저야! 나를 빨간 원숭이라고 놀렸단 말이야!"

창혁이가 태근이를 가리키며 큰소리로 말했다.

"그러는 너는 어떻고? 나한테 머리 크다고 놀린 건 누군데! 내 머리엔 맞는 모자도 없을 거라고 놀렸잖아!"

얘기를 들어 보니 태근이가 먼저 창혁이를 놀렸고, 이에 창혁이도 맞받아 놀리면서 싸움이 시작된 것 같았다. 민수는 물론 의리 때문에 태근이를 도와주려고 끼어든 것일 테고…….

아이들이 너도나도 떠들었다. 창혁이가 더 나쁘다, 태근이가 더 나쁘다, 둘이 싸우는데 한쪽 편만 들어서 2 대 1로 싸운 게 더 나쁘다, 말들이 많았다.

그럭저럭 정리가 되고 아이들이 제자리로 가서 앉았다. 그때 선생님이 들어오셨다.

갑자기 자리에 앉아 있던 창혁이 울음을 터뜨렸다. 뭔가 복받치는 것이 많았나 보다. 나와 친한 태근이와 싸웠지만 창혁이 가 더 안돼 보였다. 창혁이는 아토피가 있어서 얼굴이 불긋불긋하다. 그래서 급식을 할 때도 돈가스 같은 건 빼고 먹고, 맛있는 닭튀김이 나와도 먹지 않는다. 태근이는 창혁이의 얼굴이 불긋한 것을 보고 놀린 게 분명하다. 태근이는 다 좋은데, 이렇게 가끔 생각 없는 말을 던져서 상처를 주는 경우가 있다.

울고 있는 창혁이를 보고 선생님이 놀라 물으셨다.

"아니, 무슨 일이니? 창혁아, 어디 아프기라도 한 거야?"

아이들은 방금 전 일을 말하고 싶어 하는 것 같았지만 선뜻 먼저 말하진 않았다. 선생님은 여느 땐 웃는 얼굴이시지만 싸움이 생길 때만큼은 엄청 무서워지시기 때문이었다.

태근이가 조심스럽게 말을 꺼냈다.

"저 때문이에요. 제가 놀렸거든요. 제가 먼저 잘못한 거예요."

태근이가 먼저 입을 열었다. 가끔 눈치 없이 말하는 것이 문제지만 태근이의 본성은 착하다.

"친구를 왜 놀렸지? 놀리는 사람은 장난이지만 듣는 사람에겐 큰 상처가 될 수 있다는 거 알면서, 응? 그래도 자기 행동이 나쁘다는 것을 알았으니 됐다. 같은 잘못을 또 하진 않겠지?"

태근이에게 한마디 하시고는 선생님은 짐작 되는 것이 있었는지 이런 얘기를 하셨다.

"선생님의 딸도 아토피 증세가 조금 있어요. 그래서 몸에 안 좋은 것을 먹거나 하면 금세 몸이 불긋불긋해지고, 환기가 잘 안 되는 건물에 들어가도 표시가 나요. 그래서 먹는 것, 입는 것, 생활 주변의 환경 모든 것에 많이 신경 써야 한답니다. 그런데 요즘에 아토피 증세 있는 아이들이 많아졌다고 해요. 그게 다 환경의 변화에 따른 부작용이랍니다. 아토피는 단순한 피부병이 아니라 환경이 나빠진 것을 몸이 견디지 못해 생기는 거예요."

선생님께선 어제 아빠가 얘기하시던 것과 비슷한 말씀을 하셨다.

"옛날에 비해 생활은 아주 편해졌지요? 냉난방 기구를 사용해서 여름에는 시원하고 겨울에는 따뜻하잖아요. 또 깨끗한 수세식 화장실을 집 안에서 사용할 수 있게 되었고 얼마나 편해졌어요. 그뿐인가요, 차나 비행기로 먼 데도 갈 수 있고, 인터넷으로 세계의 정보를 앉은 자리에서 알 수도 있어요. 햄버거, 피자, 치킨도 주문하면 집에까지 배달해 주죠."

"맞아요! 저 피자, 진짜 좋아하는데."

지금 당장 피자가 배달되기라도 하는 양 누군가 군침을 삼켰다.

"피자가 맛이 있죠? 인스턴트식품이라고 하는 것들은 다 맛이 있어요. 왜냐면 여러 사람의 입맛에 맞게 하기 위해서 조미료를 많이 넣으니까요. 그렇지만 화학조미료는 우리 몸에 아주 좋지 않아요. 그리고 또 식품 공장에서 만들어 오랜 시간 보관했다가 파는 것이기 때문에 음식이 상하지 않도록 방부제를 넣게 되요. 그런 것이 몸에 해로운 것은 물론 말할 것도 없고요. 그래서 선생님 딸도 인스턴트식품을 먹으면 금방 얼굴이 불긋불긋해져요. 그건 몸에 안 좋은 것이 들어왔다는 신호예요."

선생님 말씀으로 얼굴이 붉어지는 것이 몸에 안 좋은 것이 들어 왔다는 신호라는 것을 알게 되었다.

"우리 엄마가 잘 먹고 잘 놀고 그러면 건강해진다고 했어요. 음식도 가리지 말고 다 먹어야 한다고요. 너무 가려 먹어서 아토피 생기는 거 아니에요?"

민지가 고개를 갸웃하면서 물었다.

"음식을 골고루 먹는 것도 중요하죠. 그렇지만 좋은 음식을 골라 먹는 것이 더욱 중요해요. 아토피는 병이 아니라 우리 몸이 위험 하다고 열심히 신호를 보내 주는 거예요. 피부로 드러나지 않는 사람도 많지만 예민한 사람들이 먼저 표시가 나는 거라고 생각하 면 되겠죠? 우리가 편하게 살기 위해서 환경을 해치는 일이 점점 많아지고 있어요. 그래서 선생님은 환경을 보호하라고 보내는 경 고가 아토피가 아닐까 생각해요."

하긴 가끔 목도 아프고, 눈도 따끔거리고, 숨쉬기 어려워 가슴이 답답해질 때가 있긴 하다. 환경문제가 갈수록 심각해지는 것은 사실이었다.

"신호를 보낸다는데 그럼 어떻게 해야 되나요? 잘 모르겠어요."

희진이가 심각한 얼굴로 질문했다. 의사가 될 것이라더니 사람들의 병에 벌써부터 관심이 많은가 보다.

"이걸 생각해 봐요. 사람은 자연과 떨어져 살 수가 있을까요? 사람은 살려면 기본적으로 먹어야 하고, 숨 쉬어야 하고, 물을 써야 해요. 그것들이 어디에서 나올까요?"

"자연으로부터죠!"

나는 갯벌에 갔다가 집에 돌아오는 길에 아빠에게 들었던 이야기가 생각나서 금방 대답할 수 있었다.

"아, 맞아요. 바로 자연으로부터예요. 땅이 없으면 농사를 지을 수 없고, 바다가 없으면 생선을 잡을 수 없고, 공기가 없으면 숨을 쉴 수가 없을 거예요. 물이 없으면 하루도 못 버티겠죠?"

"맞아요! 특히 운동회 연습할 때 물통에 물을 가득 싸 오지 않으면 정말 힘들어요!"

민수가 생각만 해도 괴롭다는 듯 잔뜩 인상을 찌푸리며 대답했다.

"호호호. 사람이 그런 것처럼 다른 생물들도 자연이 없으면 살 수 없어요. 다른 생물이 없다면 사람도 또한 살 수 없겠죠? 무엇

하나도 따로 떨어져 있을 수 없는 것이 세상이니까요. 이렇게 만물이 한 몸과 같이 사는 것을, 좀 어렵게 말해서, 유기체라고 해요."

선생님께서는 어렵게 말해서라고 하셨지만, 나는 아빠에게 들어서 이미 다 알고 있는 말이었다. 유기체, 유기농 설명을 많이 들었던 것이다.

"그런데 지금은 사람의 손에 자연이 너무 많이 훼손됐어요. '자연' 은 '있는 그대로' 란 뜻인데, 이제 자연은 농약으로 찌들고 쓰레기로 가득찬 곳으로 변해 가고 있어요. 여기에서 우리에게 필요한 맑은 공기, 깨끗한 물, 안전한 먹을거리가 과연 나올 수 있을까요?"

우리는 모두 한 목소리로 아니요, 라고 외쳤다.

"그래서 자연도 살고 사람도 살고 모든 생물이 다 같이 행복하게 살기 위해선, 자연의 순리에 맞춰 있는 그대로의 자연을 회복시켜야 해요."

선생님의 딸과 관련된 얘기라서 그런지 유난히 힘주어 말씀하셨다. 창혁이는 진작 울음을 그치고 진지하게 선생님의 말씀을 듣고 있었고 우리들도 자못 비장한 얼굴로 고개를 끄덕였다.

"몸을 해치는 인스턴트식품을 피해야 해요. 인스턴트식품은 여러분의 바른 성장을 방해합니다. 콜라 한 캔에도 각설탕이 열여덟

제4편 자연의 순리를 따르라　153

개나 들어간다는 사실, 알고 있어요? 그렇게 설탕을 과하게 먹으면 성격도 이상해지고 뼈도 튼튼해지지 않아요. 피자, 햄버거 대신 잡곡밥과 나물을 많이 먹어요. 그럼 머리도 저절로 좋아지고, 생각도 깊이 할 수 있게 되요."

결국 아토피 이야기도 '생각'에서 끝났다. 모든 이야기를 '생각하라'로 끝내는 선생님에게 아토피도 예외가 아니었다. 그나저나 음식이 성격이나 성적과도 상관이 있다는 것은 놀라운 사실이었다.

다음날 우리는 창혁이 집에 초대를 받아 갔다. 마침 창혁이 생일인데, 새로 전학 와서 친구들과 서먹할 창혁이를 위해 창혁이 엄마가 초대하신 것이다.

우리들은 여느 생일잔치에서나 먹는 피자와 치킨을 기대하고 창혁이네로 갔다. 창혁이가 음식을 가려 먹어도, 생일인데, 하루쯤 특별히 맛있는 음식을 주시겠거니 생각했다.

"창혁아, 생일 축하해."

태근이가 손을 내밀며 선물을 건넸다. 하루 주먹질하며 뒹군 게 도리어 친해지게 됐나 보다.

우리는 거실로 들어서 차려 있는 상을 보는 순간, 입을 떡 벌릴

수밖에 없었다. 한 상 가득 채식 뷔페가 차려져 있었다. 온갖 나물과 야채샐러드, 또 채소로 이런저런 요리가 쭉 펼쳐져 있고, 생일에 먹는 미역국이 밥과 함께 놓여 있었다. 이런 생일상은 처음이다. 할아버지 생신 때나 이렇게 먹었었다.

"앉아라, 얘들아. 왜, 치킨이랑 피자가 없어 실망이니? 그거 배달시키면 훨씬 편하지만, 아줌마가 일부러 만든 음식들이야. 인스턴트식품이 좋지 않다는 건 선생님이 다 말씀해 주셨다면서? 아줌마 생각도 그렇기 때문에 너희들 좋은 음식 먹이고 싶어서 이렇게 차렸단다. 이래 봬도 정성은 열 배 이상일 테니 많이들 먹으렴."

솔직히 우리 엄마 음식 솜씨보다 훨씬 나았다. 다 먹고 나니 아줌마가 직접 만드셨다는 식혜도 주셨다. 톡 쏘는 콜라 맛은 아니지만 달콤하고 시원한 맛이 일품이었다. 아무래도 나는 토종 한국 사람인가 보다.

④ 최한기의 기학

창혁이 집에서 맛있는 점심을 먹고, 우리는 근처 놀이터에서 신나게 놀았다. 친구들과 해질 무렵까지 뛰고 웃으며 놀아 본 게 얼마만인지 모른다. 뉘엿뉘엿 해가 지고, 놀이터에서 놀던 친구들이 한명 두명 사라지자, 우리도 집으로 돌아왔다. 놀다 보니 금세 배가 꺼져서 집에 들어서면서부터 엄마를 찾았다.

"엄마! 엄마! 오늘 저녁 뭐예요?"

"아, 배고프다."

그런데 엄마는 보이지 않았다.

"시장에 가셨나? 방에도 안 계시는데?"

안방에도 베란다에도 어디에도 엄마는 계시지 않았다. 냉장고에 먹을 만한 게 있나 싶어 냉장고 쪽으로 가는데 냉장고 문에 큼직하게 붙어 있는 엄마의 메모를 발견할 수 있었다.

제동이, 소동이 보아라.

엄마는 오늘 동창회가 있어서 늦는단다.

누나가 대신 저녁 준비를 한다고 했으니까

아빠 오시면 같이 맛있게 먹으렴.

사랑하는 엄마가

"헉, 소동아, 엄마 오늘 동창회 가셨대!"

"정말? 형, 그럼 냉장고에 뭐 먹을 거 없어?"

냉장고를 열어 보았지만, 밑반찬 외에는 들어 있는 게 없었다.

"누나가 와야 먹을 수 있을 것 같은데……. 소동아, 누나 언제 오는지 전화해 보자."

그때 쿵쾅쿵쾅 계단을 뛰어 올라오는 소리가 요란하게 들렸다.

"누나다!"

우리는 비로소 활짝 웃으며 현관으로 뛰어나갔다.

"누나!"

다급히 문을 열고 들어오는 누나를 우리 둘이 너무나 반기며 맞으니까, 누나는 오히려 걸음을 멈칫하였다.

"헉, 너희 뭐야, 뭣 때문에 그러는 거야. 부담스러우니까 평소대로 하자, 응?"

누나는 경계하는 눈빛으로 우리 앞을 지나더니, 서둘러 화장실로 들어가 버렸다.

"뭐야, 화장실 때문에 서둘러 온 거야? 그럼 우리 밥은?"

누나가 들고 온 짐들을 뒤적거리자, 먹다 남은 차가운 붕어빵이 든 종이봉투가 나왔다. 먹을 거라곤 그게 다였다.

"너무해! 장도 안 봐 왔잖아. 우리 저녁엔 뭘 먹어? 이럴 줄 알았으면, 아까 창혁이 집에서 저녁까지 다 먹고 올 걸……."

누나가 들어간 화장실 앞에서 투덜대고 있으니까 다 들었는지 누나가 안에서 말했다.

"얘들아, 맛있는 자장면이랑 탕수육 시켜 먹자. 누나가 들어오다가 봐 둔 집이 있는데, 자장면 두 그릇에 탕수육까지 만이천 원이 래. 그거 두 개 시키면 배불리 먹겠지?"

자장면? 탕수육? 평소 같으면 좋다고 했을 우리지만, 어제 선생님께 들은 말도 있고, 창혁이의 생일상 차림을 보고 나니, 갈등이 되었다.

"그냥 누나가 밥 해 주면 안 돼? 시켜 먹는 음식 싫어……."

문이 벌컥 열리면서, 누나가 별일이라는 표정으로 나왔다.

"어라, 요것들이 오늘 밖에서 뭘 먹고 온 게야? 싫긴 왜 싫어, 오랜만에 먹으면 맛있잖아. 그리고 지금 밥해서 언제 먹니?"

누나와 저녁밥 때문에 옥신각신하고 있는 사이 아빠도 퇴근하고 집에 돌아오셨다.

"애들아, 거기 화장실 앞에서 뭐하고 있니? 참, 오늘 엄마는 모임이 있어서 늦으신다더구나. 너희들, 저녁 먹어야지?"

"그렇잖아도, 요 앞 싸고 맛있는 중국집이 생겨서 오랜만에 시켜 먹자고 하는데, 쌍둥이 녀석들이 웬일로 싫대요. 저 애먹이려고 하는 것 같은데, 아빠 혼 좀 내 주세요."

우리가 억울하다는 표정으로 아빠를 쳐다보았지만, 의외로 아빠는 우리를 이해하신 듯, 오히려 우리 편을 들어 말씀하셨다.

"흐음, 나도 사 먹는 음식은 별로구나. 그럼 오늘 저녁은 아빠가 솜씨를 발휘해 볼까? 김치 국시기가 어떠니?"

김치 국시기! 그것은 멸치를 우려내서 국수를 삶다가, 잘 익은 김치를 숭숭 썰어 넣고 한소끔 끓여 내서 먹는 우리 집 겨울철 별미다.

"좋아요!"

우리는 냉큼 대답을 했고, 누나도 자장면보다 김치 국시기가 훨씬 나은지 침을 꼴깍 삼켰다.

"아, 이제 국시기의 계절이 돌아왔구나! 제가 물 끓일게요. 아빠는 옷부터 갈아입으세요."

김이 모락모락 올라오는 뜨끈뜨끈한 김치 국시기 한 그릇을 호호 불어 가며 먹는 식탁에서는 후루룩 짭짭대는 소리밖에 들리지 않았다. 특히 소동이와 나는 오랜만에 놀이터에서 뛰어놀았더니, 뜨거운 국물에 입천장을 데는 것도 아랑곳하지 않고 후루룩 후루룩 먹었다.

"아니, 너희들 그렇게 배가 고팠었니?"

"아빠! 저희는 이제 인스턴트식품은 안 먹을 거예요."

"맞아요! 우리 반에 창혁이란 아이가 전학 왔는데, 아토피거든요. 선생님께서 그러시는데, 아토피는 환경이 오염돼서 생기는 거래요. 그리고 인스턴트식품을 먹으면 건강을 해친다고 하셨어요."

아빠는 고개를 끄덕거리시면서, 미소를 지으셨다.

"껄껄껄. 계동이 선생님이 좋은 말씀을 들려주셨구나."

"저희 선생님은 굉장히 아는 것이 많아요. 지난번에 아빠가 하신 말씀과 비슷한 말씀도 하셨어요.

사람과 자연은 따로 떨어져 살 수 없다는 것과 만물이 한몸과 같이 사는 것을 유기체라고 한다는 것이요. 그리고 자연도 살고 사람도 살고 모든 생물이 다 같이 행복하게 살기 위해선, 자연의 순리에 맞추어 살아야 한데요."

"흐음, 듣고 보니 정말 그러네. 계동이 담임 선생님도 최한기의 기학을 공부하신 모양이구나."

"기학이요? 아빠가 전에 말씀하신 '기'에다가 '배울 학' 자를 붙인 건가요? 그런데 최한기의 기학은 정말 범위가 넓은가 봐요. 이야기하다 보면, 최한기의 사상은 안 끼는데 없이 다 끼는 것 같아요."

김치 국시기 그릇에 얼굴을 파묻다시피 하고 먹고 있던 소동이가 '기학'이라는 말에 눈을 반짝이며 입을 여는데, 국수 면이 입에서 튀어나왔다.

"에이, 소동이 너, 입에 있는 것은 다 먹고 말을 해야지, 이게 뭐야."

누나의 핀잔에도 아랑곳 하지 않고, 소동이는 장난스런 표정으로 말했다.

"잠깐, 그리고 보니, 최한기는 이름에도 '기' 자가 들어가네요? 이야, 정말 '기'와는 떼려야 뗄 수 없는 관계에 있는 사람이네요, 하하하."

소동이 말처럼 최한기의 이름에도 '기' 자가 들어가 있다는 것을 발견한 나는 마냥 신기했다. 자기 이름에서 '기' 이론을 따온 건지도 모르겠다.

"그래, 그 '기'학이란다. 그래서 기학에서는 '있는 것'만 다룬단다. 그러다 보니 과학이 많이 이용되고 말이야. 그래서 최한기는 조선 시대 사람으로서는 드물게 과학에 조예가 깊었단다. 최한기가 지구가 돈다고 하는 자전설도 소개했다고 하지 않니?"

"그래요?"

누나는 시큰둥하게 건성으로 대답하고는 김치 국시기를 먹는 데만 열중했다. 그러나 소동이와 나는 서로 얼굴을 쳐다보며, 최한기는 참 대단한 사람라는 표정을 지었다. 조선 시대에 오늘날처럼 지구와 달과 태양의 운동을 이해하는 사람이 있었다니, 놀라울 따름이었다.

"아빠, 국수 다 불어요. 드시고 말씀하세요. 얘들아, 너희들도 마저 먹어. 불면 맛없어."

누나는 벌써 한 그릇을 다 비우고 식탁에서 일어섰다. 그러면서 한마디를 덧붙였다.

"설거지는 너희들이 해, 알았지?"

이야기하는 통에 퉁퉁 불어서 퍼진 국시기를 소동이와 나는 싹싹 다 비웠다. 설거지까지 마친 후, 뉴스를 보려고 텔레비전 앞에 앉은 아빠 옆에 소동이와 나도 앉았다.

"아빠, 그 기학이요. 조금만 더 설명해 주세요."

"음, 그럴까? 사람과 자연은 별개가 아니란다. 이걸 최한기는 이미 옛날에 주장했었지. 최한기는 우선 달과 별과 지구의 운동, 그리고 기후의 변화와 같은 것들을 과학적으로 이해하는 것이 먼저라고 했단다."

최한기는 옛날 사람이고, 과학 지식이 많았을 때도 아니었는데, 어떻게 과학이 중요하다는 생각을 했을까 다시 궁금해졌다.

"아빠, 최한기는 왜 과학에 관심이 많았어요?"

"왜냐하면 농사를 지을 때 자연의 변화는 아주 중요한 것이었거든. 그래서 최한기는 자연을 먼저 이해한 다음 그것을 잘 이용하되 순리를 따라야 한다고 했어. 이것이 바로 최한기 철학의 핵심이란다. 사실 최한기가 살았던 때에는 철학이라는 말이 없어서 기학이라고 불렀어."

아빠의 설명을 듣다 보니, 정말 최한기는 백성들이 어떻게 하면 잘 살 수 있는지에 관심이 많은 학자였다는 생각이 들었다.

"자연의 이치를 잘 알아내려면 자연과학이 필요하고, 인간 사회의 법과 질서를 세우려면 사회과학이나 인문과학이 필요한단다. 자연과학은 자연의 법칙을 발견하고, 사회과학과 인문과학 등의 학문은 인간의 삶의 원리를 밝혀내지. 여기서 밝혀낸 인간 사회의 원리나 질서가 자연의 법칙을 따르도록 만든 학문이 기학이라고 생각하면 된단다. 그래서 사람은 사회를 따르고, 사회는 자연을 따르라는 말이지. 기학은 자연, 사회, 개인 이 모든 부분을 다 다룬단다. 물론 귀신같이 눈에 보이지 않거나 과학적으로 검증되지 않은 것들은 빼놓고 말이야. 그래서 신학이나 예술, 문학은 기학에서 소홀하게 다루어졌어."

"아하, 그러면 지금까지 아빠가 말씀해 주신 것들이 다 기학에 포함되는군요."

소동이의 말에 나는 가만히 눈을 감고, 지금까지 우리가 배웠던 것들을 떠올려 보았다. 귀신 소동에서 시작해서, 기, 안다는 것, 그리고 성무선악설. 심지어 갯벌과 아토피도 최한기의 기학과 관련이 있었다.

"자연의 순리를 따르라는 최한기의 기학이 우리 생활과 참 가까운 곳에 있다는 것을 알겠어요. 최한기가 살았을 때와 지금이 비록 시대가 다르다고 하더라도, 지금도 그의 말이 설득력 있다고 생각되요. 형은 어떻게 생각해?"

잠시 생각에 잠겨 있던 나는, 소동이의 질문에 얼떨결에 응, 이라고 대답해 버렸다. 그리고 가슴속에 숨겨 둔 비장의 말을 가족들 앞에 꺼내기로 작정하였다.

"아빠, 저도 앞으로 최한기처럼 국민들이 잘 살 수 있도록 도움을 주는 공부를 해야겠어요. 철학이 그토록 실용적인 공부인지, 처음 알게 되었어요. 아빠, 저도 아빠처럼 철학을 공부하겠어요!"

내 갑작스런 발언에 소동이와 아빠는 웃으면서 박수를 쳤다.

"이야, 형, 멋있어!"

휘익.

짝짝짝.

거실에서 일어난 시끄러운 소동에 방에 들어가 있던 누나도 문을 열고 내다보았다.

"무슨 일이에요? 쌍둥이, 무슨 좋은 일 있어?"

"그럼, 있고 말고. 앞으로 사람들을 잘 살리는 철학 공부를, 이 김계동이 하겠다는 다짐을 했어."

"호호호, 취지는 좋다만, 계동이가 철학 공부를 하면, 그거 개똥 철학 되는 거 아니니? 호호호."

"하하하, 그거 말 되네."

나도 머리를 긁적이며 크게 웃었다.

"하하하."

"껄껄껄."

왠지 최한기도 하늘에서 웃고 있을 것 같다는 생각이 들어서 나는 고개를 젖혀 천정을 바라보며 더 크게 웃었다.

에필로그

얼마 전에 학년이 바뀐 것 같은데 이제 교과서도 얼마 남지 않았다. 반장 선거에서 반장으로 뽑힌 희진이가 아침 자습을 시키고 있다. 민지가 자기보다는 희진이가 더 반장에 마땅한 후보라고 적극 지지해 준 공이 컸다. 외롭게 혼자만 있던 희진이였는데 반장이 된 이후로는 여간 활발한 것이 아니다. 반 아이들 조용히 하라고 큰 소리로 소리칠 땐 선생님보다 더 무섭다. 완전 독재다. 그렇지만 친구들의 의견을 들어주고 서로 뜻을 맞춰 학급 일을 진행

하는 걸 보면 제대로 투표한 것 같긴 하다. 무엇보다 희진이의 표정이 밝아져서 기쁘다. 이제 구석에서 책만 들여다보고 있는 일이 없어졌다. 대신 여러 아이들에 둘러싸여 재미있는 이야기도 나누면서 깔깔거리는 모습은 무척 행복해 보인다. 희진이가 씩씩하게 커서 좋은 의사 선생님이 되면 좋겠다. 그래서 아빠의 다리도 고쳐 주고 가족 모두가 웃으면서 살았으면……. 그리고 음……. 나도 희진이랑 잘 되었으면…….

아이들은 방학이 시작되면 고모가 사는 캐나다로 여행을 갈 것이라는 둥, 식구들과 캠프에 참가할 것이라는 둥, 학원을 다녀서 이것저것 배울 것이라는 둥, 자기 계획들을 자랑했다. 나는 방학 동안 철학 공부를 본격적으로 해야겠다는 생각을 하면서 턱을 괴고 창 밖을 보고 있었다.

"무슨 생각 하냐? 아, 알겠다. 히히히 희진이 생각?"

태근이는 이제 나를 놀리는데 아주 재미를 붙였다. 이름으로 장난치며 매일 히, 히, 히 희진이라고 불렀다. 이래서 속마음을 들키지 않으려고 했던 건데, 앞으로 골치 아프게 됐다.

"그만 놀려라, 지치지도 않냐? 너도 민지 공주 생각만 하면서 뭘? 그건 그렇고 넌 방학 때 뭐 할 거야?"

내가 묻자 태근이가 머리를 긁적인다.

"글쎄, 뭐 아직 생각한 건 없어. 난 올 겨울엔 그냥 자연의 질서를 따를까 봐. 방에서 내내 잠만 자는 거 말이야. 동물들은 겨울잠을 자잖아. 먹이가 없는 겨울엔 잠을 자 줘야 한다고."

"네가 무슨 곰이냐? 하긴 곰이긴 곰이지. 네가 둔한 걸 모르는 사람이 없지."

"뭐? 그러는 개똥이 너는!"

"하하, 농담이야. 어쨌거나 사람은 겨울잠을 자지 않지. 그런데 겨울잠 잔다는 건 도리어 자연의 질서를 어기는 거란 말이야."

태근이는 놀리는 내 말에 금방 발끈 했다가 또 금방 풀렸다.

"태근아, 너 나랑 함께 철학 공부할래?"

나는 별 기대는 하지 않고, 태근이에게 철학 공부를 같이 하자고 권해 보았다. 그런데, 정말 할 일이 없던 참이었는지, 태근이가 눈을 번쩍 빛내며 대답했다.

"와, 그래, 그거 좋겠다. 너희 아빠하고 전에 얘기한 것 있었잖아. 최한기 이야기 말이야. 여러 가지 얘기를 듣다 보니 은근히 재미있더라. 나도 같이 하자."

태근이의 반응에 내가 오히려 놀란 얼굴로 물었다.

"너, 진짜, 공부하려고? 완전 기에 빠졌구나. 이야, 뜻밖인 걸."

"아니야, 너희 아빠가 설명할 때도 그랬지만, 그 이론이 어려운 공부가 아니더라고. 그걸 더 깊이 있게 공부해 보면 재미있을 것 같아. 나도 끼워 줘."

태근이는 저쪽에 앉아 있던 민수까지 손짓으로 불렀다.

"뭔데? 뭐 맛있는 거라도 주려고 그래?"

민수가 우리 쪽으로 한걸음에 달려왔다.

"얘가 방학 때 같이 공부하자고 한다. 넌 어때, 생각 있어?"

태근이가 묻자 민수가 떨떠름한 표정을 지었다.

"무슨 공부……. 나는 방학만 하면 교과서도 창고에 다 넣어 버리려고 했는데."

공부라는 얘기에 벌써 뒤로 빠지려는 민수를 재미있는 얘기로 유혹했다.

소동이를 포함한 우리 넷은 아빠의 동의까지 구해, 방학 계획을 완성했다. 아빠는 사실 동의를 얻었다기보다, 두말 할 것도 없이 찬성이었고 우리의 계획에 감격하기까지 하셨다. 아빠의 외로운 공부에 동지가 생겼다고 굉장히 기뻐하셨다.

이제 정해진 시간에 모여 배우고 생각하고 답을 찾아가는 모임을 만드는 거다. 우리의 '앎에 대한 사랑'이라고 이름도 멋지게 지었다. 우리가 처음 같이 생각해 본 문제가 앎에 대한 것이었고, 또 철학이 곧 앎에 대한 사랑이라는 말을 아빠에게 들었기 때문이다. 그럼 우리가 철학자가 되는 건가? 아빠 말론 세상에 대해 깊이 있게 생각하는 사람은 모두 철학자란다. 철학이 그렇게 어려운 것은 아닌가 보다.

 이제 우리의 방학은 이제까지 중 가장 알차고 재미있는 시간이 될 것 같다.

통합형 논술
활용노트

01 최한기가 말하는 기(氣)는 공기와 어떤 공통점과 차이점이 있을까요?

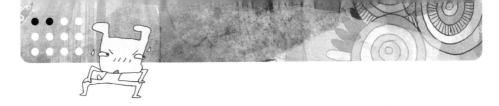

02 만물이 생겨남에 있어서 원리(정신)가 먼저 인지, 아니면 기(물질)가 먼저인지 최한기의 이론 내에서 설명해 보세요.

03 만약 귀신이 있다면, 그것은 물질로 이루어져 있다는 동양철학의
논리는 타당할까요? 그렇다면 그 이유를 말해 보세요.

04 눈, 코, 입 등 감각기관이 없다면 인간은 아무것도 모른다는 최한기의 이론은 타당할까요? 그래서 모든 지식은 경험에서 시작되는 것이 맞을까요?

05 최한기의 이론을 바탕으로 감각적으로 많이 아는 것과 깊이 있게 아는 것이 어떻게 다른지 그 차이를 말해 보세요.

06 과학적으로 확실하게 아는 방법은 무엇일까요? 최한기 이론에서 찾아 말해 보세요.

07 최한기가 주장하는 바르게 사는 것이란 결국 어떤 삶인지 자연과 인간의 관계를 예를 들어 말해 보세요.

08 맹자는 성선설을 순자는 성악설을 주장합니다. 최한기는 인간의 본
성을 어떻게 설명하나요?

통합형 논술 활용노트

문제풀이

01 기와 공기는 눈에 보이지 않는 아주 작은 것으로 되어 있습니다. 자연 상태에서 공간이 있다면 공기는 어디에든지 차 있습니다. 기도 그렇습니다. 최한기는 공기도 기로 봅니다.

그러나 공기는 산소, 질소, 수소 등과 같이 각각의 성질을 지닌 물질로 이루어져 있습니다. 그러나 최한기는 모든 물질의 기초단위가 기이며, 공기뿐만 아니라 인간의 마음이나 정신 작용도 기의 작용으로 봅니다. 그러니까 공기는 기의 한 종류인 것입니다. 따라서 공기는 기에 포함됩니다.

02 만물이 생겨날 때 기가 먼저 있지 원리나 정신이 먼저 생긴 것은 아닙니다.

정신은 사람이 없으면 존재할 수 없습니다. 가령 지구상에 사람이 존재하지 않았던 고생대나 중생대와 같은 때에는 정신이 없었습니다. 또 어떤 사람들은 파스칼의 원리나 부력의 원리는 물질과 상관없이 있는 것으로 생각합니다. 그러나 물과 같은 액체가 존재하지 않았다면 물의 압력이 모든 방향으로 전해진다는 파스칼의 원리나 물에 잠긴 부피만큼 가벼워진다는 부력은 존재하지 않습니다. 플라톤의 이데아도 좋은 예입니다. 이데아의 세계가 어딘가에 따로 존재하는 것이 아니라, 단지 인간의 머릿속에 있을 뿐입니다. 인간이 없다면 이데아를 생각할 수도 없고, 있지도 않는 것입니다.

따라서 기, 즉 물질이 존재하고 나서야 비로소 원리가 존재하고, 사람이 있고 나서야 정신이 있는 것입니다.

03 만약 귀신이 있다면, 그것은 물질로 이루어져 있다는 동양철학의 논리는 과학적으로 타당합니다.

귀신이란 눈에 보이거나 아니면 다른 감각으로 느낄 수 있는 것을 필요로 합니다. 확인할 수 없는 것을 귀신이라고 말할 수는 없기 때문입니다. 볼 수도 들을 수도 없는 귀신은 있는 것이 아닙니다. 무엇이 있다고 한다면 확인되기 마련이기 때문입니다. 만약 실제로 있는데 인간의 눈과 귀로 볼 수도 들을 수도 없는 것이 있다고 주장한

다면, 인간의 감각기관을 도와주는 기계나 실험 도구를 통하여 확인할 수 있습니다. 현재로써는 불가능한 일이라도 언젠가는 확인될 것입니다. 기계나 도구로 확인되는 것은 물질이나 물질이 운동하는 현상뿐입니다. 만약 귀신이 꿈속에 나타난다 해도 꿈이란 역시 우리 몸의 두뇌 작용의 한 현상이기 때문에 물질과 관계가 됩니다. 뿐만 아니라 우리가 눈과 귀로 알 수 없는 원리나 정신도 물질을 떠나 있을 수 없습니다.

따라서 물질과 전혀 관계가 없는 것은 이 세상에 존재할 수 없습니다. 만약 귀신이 있다면 그것은 물질이거나 물질과 관계된 현상이어야 합니다.

04 눈, 코, 입, 귀, 피부가 없는 사람은 없습니다. 사실 감각기관이 없는 사람은 없지만, 모든 감각기관이 장애를 일으켜 기능을 발휘하지 못하는 사람은 보기 드뭅니다. 그러나 한두 가지 장애를 가진 사람은 볼 수 있습니다. 이런 중복 장애를 가진 사람은 그렇지 못한 사람보다

경험이 적을 수밖에 없습니다. 비록 헬런 켈러는 많은 것을 알았지만, 그것은 정상인보다 훨씬 많은 노력을 했기 때문에 가능했던 것뿐입니다. 정상인이 그와 같은 노력을 했다면 그보다 더 많이 알 수 있었을 것입니다. 장님에게 아무리 색깔을 설명해도 정확히 알 수 없고 귀머거리에게 음악을 아무리 설명해도 음악의 아름다움을 느낄 수 없는 것처럼 말입니다. 그리고 어른이 되어서 보지 않고 듣지 않아도 아는 경우가 있는데, 그것은 그가 이전에 감각을 통한 경험으로 이미 알고 있었기 때문에 가능한 것입니다.

05 눈과 귀와 코와 입 등의 감각기관으로 많이 아는 것은 지식의 양을 말하고 깊이 있게 아는 것은 지식의 질을 말합니다.

많이 아는 것은 깊이 생각할 필요 없이 단순하게 보거나 들으면 알 수 있습니다. 가령 서울 시내버스 번호와 노선, 전화번호와 사람 이름, 각 나라의 수도나 인구, 동식물의 종류와 이름 등을 모두 외우고 있

으면 많이 안다고 할 수 있습니다. 그러나 깊이 있게 아는 것은 그 사물의 법칙이나 관계 등 눈에 보이지 않는 것까지 아는 것입니다.

감각적으로 많이 아는 것은 생각을 필요로 하지 않습니다. 그러나 깊이 있게 아는 것은 깊은 생각을 필요로 합니다. 하지만 감각적으로 아는 것이 없으면 깊이 있게 아는 것이 가능하지 않습니다. 무엇을 생각하거나 연구해서 알기 위해서는 보거나 듣는 것이 기본적으로 필요하기 때문입니다.

06 우선 과학적으로 확실하게 아는 방법이 무엇일까요? 그것은 탐구 과정을 통하여 아는 것입니다. 일반적으로 탐구 방법은 관찰-가설 설정-검증의 과정을 거칩니다.

최한기의 기학 이론에서 볼 때 관찰은 우리의 감각기관을 통하여 아는 단계에 해당됩니다. 관찰은 오감을 통하여 하기 때문입니다. 가설이란 확인되지 않은 원리나 법칙을 말합니다. 가설을 세우기 위해서 이미 있는 지식이나 이론이 동원되며 많은

생각을 필요로 합니다. 최한기의 이론에 의하면 가설에 해당하는 것이 '추측'입니다. 추측이란 '미루어 헤아린다'는 뜻으로 무엇을 근거로 생각하여 어떤 내용을 판단하는 것입니다. 이렇게 해서 만들어진 지식을 '추측에 의하여 안 이치'라고 부릅니다. 그런데 가설을 확인하려면 검증을 거쳐야 합니다. 검증 방법은 주로 실험이 이용됩니다. 최한기도 실험 등을 통한 검증을 거친 것이 진정한 앎이라고 말합니다. 그 검증을 '증험'이란 말로 표현하는데 증명하여 체험하는 뜻입니다.

07 바르게 살기 위해서는 우선 알아야 합니다. 사물에 대하여 일차적으로 눈, 코, 귀와 같은 기관을 통하여 경험하고, 그 경험한 것은 사고 과정을 통하여 더욱 확장되거나 깊어집니다. 사물에 대하여 명확하게 알 때 사람은 이치에 맞게 행동할 수 있습니다.

최한기가 볼 때 인류 사회의 여러 문화권의 윤리는 똑같지 않습니다. 각각의 문화와 전통에 따라 윤리나 도덕이 서로 다를

수 있습니다. 이렇게 되면 인류 공통의 가치를 세울 수 없습니다. 그렇기 때문에 서로 다른 윤리나 도덕은 그 자체로 존중하되 인류의 보편적 가치를 세우고자 했습니다.

그에게 있어서 사람이 보편적으로 바르게 사는 것이란 우주의 변화에 따르는 것입니다. 즉 좁게 말해 자연의 변화에 순응해야 한다는 것입니다. 우리가 편리하게 살기 위하여 자연을 개발하여 공장을 짓거나 교통수단을 이용할 수밖에 없지만, 자연의 질서를 거스르는 데까지 가서는 안 된다는 것입니다. 결국 자연을 이용하되 우주와 자연의 변화를 따르는 것, 그것이 바르게 사는 것입니다.

08 사람을 관찰하면 착하게 보이는 사람도 있고 나쁘게 보이는 사람도 있습니다. 그것을 보고 사람의 본래 성품이 착한지 나쁜지 알 수 없습니다. 그런데 착하다 나쁘다고 할 때 착하고 나쁜 것을 판단하는 것은 사람입니다. 만약 사람이 살지 않았던 공룡이 살았던 시대에는

착하고 나쁜 것이 있었을까요? 45억 년 전에 지구가 처음 생겼을 때 착하고 나쁨이 있었을까요? 동물들은 자기를 해치는 것이나 해치지 않는 것, 또는 이롭고 해로운 정도를 판단하지, 윤리적인 선과 악을 판단하지는 않을 것입니다. 따라서 진화의 첫 단계에 있어서 인간에게 윤리란 없었다고 말할 수 있습니다. 점차 문화가 발달하면서 윤리 의식이 생겼으며, 또 문화에 따라 선과 악을 구분하는 기준에 차이가 있으므로, 어떤 문화에서 선이라고 생각하는 것을 다른 문화에서 악이라고 생각할 수도 있습니다. 이렇다면 인간에게 본래 선한 본성이 있거나 악한 본성이 있다고 말할 수는 없습니다. 결국 인간의 본성은 착하지도 악하지도 않은 것입니다.